Dieses Buch gehört:

FRANCOFVRTVM
Franckfurt.
Der Mayn
Roßmarkt
Raimhof
1. S. Bartolomei Stifft.
2. Barfüßer Closter.
3. S. Nicolai kirch.
4. Spital zum H. Geist.
5. Prediger Closter.
6. S. Iohannes.
7. Allerheiligenkirch.
8. S. Peters kirch.
9. S. Anthonius.
10. Vnserfrawenberg.
11. S. Catharina Closter.
12. S. Leonhardts Stifft.
13. Carmeliter Closter.
14. Weißfrawen Closter.
15. Teutsche Hause.
16. S. Elysabeth.
17. H. Drey Konig kirch.
18. Der Römer.
19 Die Statt Wage.
20. Der Braunfelß.
21 Landge: Hessische hofe.
22. Trierische hofe.
23. Augspurger hofe.
24. Nürnberger hofe.
25. Zeughause.
26. Pesthause.
27. Schutzenhause.

Das Kochbuch aus Frankfurt

Liebenswertes aus dem alten Frankfurt,
gesammelte und aufgeschriebene
Rezepte von

Gisela Allkemper

verlegt von

Wolfgang Hölker

ISBN 3-88117-474-5

Printed in W.-Germany by Druckhaus Cramer, Greven
Musterschutz angemeldet beim Amtsgericht Münster
Bildnachweis für S. 45, 48 und 110:
Stadt Frankfurt am Main, Stadtarchiv

Inhalt

Frankfurt – mon amour

Die Paulskirche

Ja, ich gestehe es – ich liebe Frankfurt, diese Stadt der vielen Gegensätze. Ich bin fasziniert von ihrer Geschichte und Kultur, vom Flair der großen Boulevards und Einkaufszonen, von den eleganten, international ausgerichteten Geschäften und von den Leuten, denen ich auf der Straße begegne. Ich liebe das gemütliche Frankfurt mit seinen alten Gastwirtschaften und den unkomplizierten Menschen, die bei einem Glas „Äppelwoi" mit Fremden so freundlich und vertraut reden, als seien sie alte Bekannte.

Und erst die Frankfurter „Speisekarte"! Da sind zum einen die Geschäfte und Bistros mit internationalem Angebot – man denke nur an die Freßgaß, die, entgegen ihrem Namen, eine breite Straße ist, an der sich ein Spezialitätengeschäft an das nächste reiht. Zum anderen macht es großes Vergnügen, über die Wochenmärkte in den Vororten und durch die Kleinmarkthalle im Zentrum zu schlendern. Hier bieten die kontaktfreudigen Marktfrauen und freundlichen Händler ihre Ware feil. Man fühlt sich an manchen Tagen, zu besonderen Einkaufsstunden, in die Basare des Orients versetzt. An den Fleischbänken auf der Galerie der Kleinmarkthalle herrscht zeitweise Hochbetrieb, bunt, lebhaft und . . . beinahe orientalisch!

Alle diese unterschiedlichen Eindrücke ließen in mir den Gedanken reifen, ein Kochbuch aus Frankfurt zu schreiben. Gerade in dieser Stadt ist die Küchenkunst seit Jahrhunderten ein Stück gepflegter Kultur. Schon im hohen Mittelalter entstanden hier viele Kochbücher, aufgeschrieben von Hausfrauen, Köchinnen und Wirten, die eine Affinität hatten für das Kochen und darüber hinaus auch über den Weitblick verfügten, die Rezepte der Nachwelt zu erhalten. Wenn man sie liest, wird einem klar, wie intensiv diese Stadt zu leben gewußt hat, getreu dem Frankfurter Spruch: „Wir esse lieber was Gutes als was Schlechtes – un lieber ab un zu emal e bissi zuviel als dauernd zu wenig.”

Ihnen diese Lebensform darzulegen, einige ausgewählte Rezepte von früher, für den heutigen Geschmack hin und wieder leicht verändert, aufzuzeigen, ist mein Anliegen. So wünsche ich Ihnen beim Durchforsten des Buches viel Vergnügen und gutes Gelingen beim Ausprobieren.

Gisela Altkemper

Es war einmal

Einst war die Furt durch den Main zwischen dem Röderberg und dem Mühlberg eine der wenigen Möglichkeiten, den Fluß sozusagen trockenen Fußes zu durchqueren. Wie an anderen Furten auch, siedelten hier schon früh Menschen, die die Bedeutung dieser „Wegekreuzung” begriffen hatten und denen sich von nun an ein neuer Lebensraum auftat. Nicht nur der Handel mit durchziehenden Kaufleuten und Heeren brachte Brot und Wohlstand, sondern vor allem die fruchtbaren Lößböden, die bei fast mediterranem Klima hohe Erträge erwirtschaften ließen. Die nahe Lage zum Taunus mit seinen Wäldern erlaubte die Jagd und den Holzhandel zum Zwecke des Hausbaues, der Fluß mit reichem Fischvorkommen variierte den Speiseplan.

Kelten, Germanen und Römer durchzogen das Land und hinterließen überall entlang dieser Wegschneise ihre Spuren. Ausgrabungen und Funde belegen das zuhauf. Das fränkische Frankfurt wird etwa ab dem Jahre 500 n. Chr. genannt. 794 hielt Karl der Große hier die Reichsversammlung ab. Frankfurt und seine Pfalz waren zu dieser Zeit schon zu einer bedeutenden Niederlassung angewachsen. 1311 wurde Frankfurt eine selbständige Stadt, 1372 wurde es zur Freien Reichsstadt erklärt. Erweiterungen und Befestigungen des Stadtareals gingen Hand in Hand. Spätestens zu dem Zeitpunkt, als Kaiser Karl IV. Frankfurt zur Krönungsstadt für Könige erhob, trat die Dissonanz zwischen bäuerlichem Bürgertum und dem Patriziat, zwischen Volkswillen und Magistratsverordnungen zutage: Obschon offiziell Stadt, prägte zum Teil armseliges bäuerliches Leben das Bild; obschon Krönungsstadt, mußte der Magistrat verordnen, die Schweine einen anderen Weg als durch die Feststraßen zur Almende nehmen zu lassen und auch den Kot von den Straßen zu entfernen; obschon bedeutender Handelsumschlagplatz, fand der Markt der „kleinen Leute" tagtäglich auf den Plätzen, den sog. Quartieren statt; obschon clevere „Pfeffersäcke" allerlei Gewürze aus dem Orient anboten, hielt doch fast jeder Haushalt an seinem eigenen Kräutergarten fest. Diese Beispiele stehen nur exemplarisch für viele andere Ereignisse und Gegebenheiten, die Frankfurt lebendig hielten und wendig machten. Kriege und Belagerungen, innere Unruhen und soziale Nöte konnten der Stadt letztendlich wenig anhaben, sie genas immer wieder und wuchs zu neuer Kraft und Größe, bis hin zur Metropole des Banken-, Handels- und Messewesens. Die Entwicklung zur Großstadt und zum kulturellen Zentrum im Herzen Deutschlands stärkte das Selbstbewußtsein ihrer Bewohner ungemein. Und doch, der Hang zur Gemütlichkeit und zur saturierten Bürgerlichkeit ist geblieben – glücklicherweise.

E schee warm Supp

Frankfurt am Main

Suppen-Auswahl

Was for Suppe isst De gern?
Griesmehl oder Grienekern,
Odder Schneckerle, ganz fei,
Odder willst De Sago drei?
Odder prima Suppedeig,
Odder Linse, die gleich weich,
Odder Bohne zart un weiss,
Tapioca, odder Reis?
Odder Hirse, sag emal,
Odder Nudle, bräät un schmal,
Odder Supp von Erbsewerscht,
Macaroni odder Gerscht?
Odder steht nach Mondamin
Un Maizena heut Dei Sinn,
Odder Erbse, odder Mehl,
Odder Hawwergritz? Befehl!
Dhut Derr kääns davo behage
So prowiers mit Suppeilage,
Knorr der mecht die beste Sort,
Wo Derr net der Mage knorrt.
Un des all kannst De beziehe,
Un von feinster Giete kriehe,
Un spottbillig sag ich Dir
Bei dem Henry Simon hier.

Aus einem Lebensmittelkatalog von 1895

„Supp, Gemies un Flaasch", das ist eine vollständige Mahlzeit, sagen die Frankfurter. Daß die Suppe alltäglich war, beweist nicht nur die Fülle der aufgeschriebenen Rezepte. Wenn die bäuerliche Bevölkerung rund um Frankfurt morgens zum Frühstück eine Hafersuppe aß, entfielen allerdings die Mittagssuppen. Bevorzugt wurden im Frühjahr Suppen mit Wildkräutern, im Sommer und Herbst leichte Brühen oder Obst- bzw. Weinsuppen, im Winter die Metzelsuppe, die beim Schlachten und Wursten in großen Mengen anfiel.

Heute sind die Morgensuppen vergessen, mittags dagegen sind sie fast ein „Muß". An Werktagen gibt's häufig sättigende Suppen, an Sonntagen klare Fleischbrühen mit Einlagen.

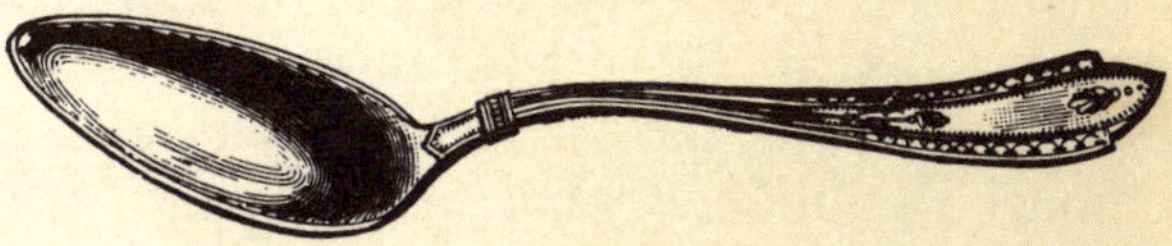

1. Vorsuppen

Kräutersuppe

1 Durchschlag voll gemischter Kräuter der Saison, 40 g Butter, 1 Zwiebel, 1 Knoblauchzehe, 1 l Brühe, 1/8 l Sahne, 2 Eigelb, Salz, Pfeffer

Von den Kräutern verwertet man nur die Blättchen. Die Kräuter waschen und grob zerkleinern. Die Zwiebel und den Knoblauch würfeln. Alles zusammen kurz in Butter anschwitzen. Mit wenig Brühe ablöschen und durchkochen. Danach pürieren. Den Rest der Brühe zugeben. Die Sahne mit dem Eigelb verquirlen und unterrühren; die Suppe darf jetzt nicht mehr kochen. Abschmecken.

Tips: 1. Sauerampfer sollte, wenn möglich, bei dem Kräutergemisch sein. Er gibt der Suppe ein würzig-säuerliches Aroma.
2. Sollte die Suppe nicht grün genug sein, kann man mit etwas Spinat nachhelfen.
3. Der Knoblauch darf fehlen.

Sauerampfersuppe

(Sauerampelsupp)

Der Sauerampfer war schon im Mittelalter eines der beliebtesten Kräuter. Weil er nur kurze Zeit geerntet wurde, weckte man ihn sogar ein. Man verwendete ihn vornehmlich zu Suppen, fügte ihm Sahne zu und kochte und pürierte ihn wie Spinat zu Brei. Sauerampfer wächst wild auf feuchten, sauren Wiesen, an Bächen bzw. Flüssen und an Ackerrändern. Den heutigen kultivierten Sauerampfer kannte man früher noch nicht. Man sammelt seine Blätter vor der Blütezeit (Mai/Juni), solange sie noch zart sind; die Stiele verwendet man nicht. Der saure Geschmack ist auf den Gehalt an Oxalsäure, wie sie auch im Rhabarber vorkommt, zurückzuführen. Daher ist Sauerampfer in großen Mengen sowohl für Rheumakranke als auch für Personen mit Nieren- oder Blasenleiden ungeeignet.

Um unabhängig von der Erntezeit zu sein, friert man die Blätter heute ein. In Maßen dem Schweine- und Kalbfleisch oder Fisch, den Saucen oder Salaten beigegeben, ist der Sauerampfer eine köstliche Bereicherung des Speisezettels.

Am häufigsten aber verarbeitet man ihn zur Suppe.

250 g Sauerampferblätter, 1 l kräftige, entfettete Fleischbrühe,
40 g Butter, 40 g Mehl, ⅛ l Kräuter-Crème-fraîche (früher Sahne),
2 Eigelb, Salz, Pfeffer, Zucker nach Geschmack
Außerdem: in Butter geröstete Weißbrotwürfel

Den Sauerampfer gut waschen und tropfnaß in einen Topf geben. 1 Tasse Brühe aufgießen. Den Sauerampfer darin dünsten, bis er weich ist (3–5 Minuten). Danach pürieren. Das Mehl in der Butter hell anschwitzen, mit der restlichen Brühe ablöschen und gut durchkochen. Den Sauerampferbrei dazugeben. Mit Salz, Pfeffer und Zucker nach Geschmack kräftig abschmecken. Eigelb mit Crème fraîche schaumig schlagen und einrühren. Nicht mehr kochen lassen. Auf Teller oder Suppentassen verteilen. Die Brotwürfel obenauf streuen.

Kressesuppe

Bei Kresse – einer der ältesten und gesündesten Gewürzpflanzen – unterscheidet man 3 Sorten: die Gartenkresse, die man in kleinen Töpfen auch unter der Bezeichnung Hollandkresse kaufen kann, die Brunnenkresse und die Kapuzinerkresse. Die Brunnenkresse ist die delikateste. Man findet sie an fließenden eisen-, phosphor- und jodhaltigen Gewässern, sie ist reich an Vitamin A und C. Die Kapuzinerkresse sollte nicht nur als Balkonpflanze dienen, auch sie ist eine kräftig schmeckende Salatpflanzenkresse. Sie hat einen pfeffrig scharfen Geschmack, sie erfrischt und belebt. Zu unserer Kressesuppe verwenden wir die kleinblättrige Gartenkresse. Um auch im Winter nicht auf ihren Geschmack verzichten zu müssen, legt man ein Gefäß dick mit Watte aus und streut die Samenkörner darauf. Wichtig ist: Gut mit Wasser durchtränken und immer naß bis feucht halten. So keimen die Kressepflänzchen innerhalb von 10–14 Tagen heran.

1 Semmel, etwas Butter, Kresse nach Belieben, 1 l gute, kräftige Rinderbrühe

Die Suppe erhitzen. Die Semmel in Scheiben schneiden und buttern, auf 4 Suppenteller verteilen. Darüber dick Kresse streuen. Mit kochendheißer Suppe übergießen.

Kerbelsuppe

Altüberliefert und gesund ist die Kerbelsuppe. Die Blättchen des Kräutleins sind leicht mit glatter Petersilie zu verwechseln, schmecken aber unvergleichlich würziger und delikater als diese. Suppen und Saucen, in denen der Kerbel verwendet wird, sind aus der Frankfurter Küche nicht wegzudenken (s. auch Kerbel-Kartoffelsuppe).

1 große Tasse gehackte Kerbelblättchen, 1 Zwiebel, 40 g Butter, 20 g Mehl, 1 l Fleischbrühe, 2 Eigelb, ⅛ l Sahne, Salz, Pfeffer

Die Zwiebel würfeln und mit dem Kerbel in Butter anschwitzen. Mit Brühe ablöschen und kräftig durchkochen. Mit in Sahne verquirltem Eigelb legieren und herzhaft abschmecken.

Anmerkung: Frankfurter, die diese Suppe gern säuerlich essen, geben ungefähr 1 Weinglas Apfelwein hinein.

Kerbel-Kartoffelsuppe

1 dicke Stange Lauch, 500 g Kartoffeln, 1 Zwiebel, 2 Eßlöffel Öl, 2 Eßlöffel Schinkenwürfel, 1½ l Fleischbrühe, 2 Bund Kerbel, ⅛ l Sahne, Salz, Pfeffer

Den Lauch waschen, putzen und in kleine Stücke schneiden. Die Kartoffeln schälen und würfeln. Die Zwiebel fein hacken. Die Schinkenwürfel in Öl anbraten. Lauch, Kartoffeln und Zwiebel zugeben und kurz mitschmoren. Mit Brühe aufkochen und garen. Danach grob zerstampfen. Inzwischen den Kerbel verlesen, waschen und fein hacken (einige besonders zarte Blättchen zurücklassen). In die Suppe geben. Mit Sahne, Salz und Pfeffer pikant verfeinern. In Teller füllen und mit den Kerbelblättchen garnieren.

Apfelweinsuppe

(Äppelwoisupp)

¼ l Wasser, ½ Stange Zimt, etwas Zitronenschale, 4 Gewürznelken, 1 l Apfelwein, 20 g Kartoffelmehl, Zucker nach Geschmack, 4 geröstete Semmelscheiben

Das Wasser mit dem Zimt, der Zitronenschale und den Nelken 5 Minuten kochen und danach zum Abkühlen beiseite stellen. Durchseihen. Das gewürzte Wasser mit dem Apfelwein (einen Rest zurücklassen) zum Kochen bringen. Das Kartoffelmehl mit dem kalten Apfelwein glattrühren. Die Suppe damit leicht binden. Nach Geschmack süßen. In jeden Suppenteller eine Semmelscheibe legen und mit Suppe übergießen.

Tip: Im Sommer ist die Suppe, gut durchgekühlt und mit Zwiebackbrocken obenauf (oder Semmeln), eine herrliche Erfrischung.

2. Dick Supp mit Werschtcher

Samstags war früher allgemein „Suppentag". Im Winter wechselten sich Linsen-, Bohnen- und Erbsensuppe ab, im Sommer gab es Kartoffelsuppe mit großen Stücken „Quetschekuche".

Die dicken Suppen haben den Vorteil, daß sie fast wie von selbst kochen und daß bei Tisch nicht viel Porzellan und Besteck benötigt wird. Das spart Abwaschzeit und läßt mehr Vorbereitungen auf den Sonntag zu. Und noch eines sei gesagt: Eine dicke Suppe ohne kleingeschnittene Würstchen ist schlicht undenkbar!

Frankfurter sämige Kartoffelsuppe

2 Eßlöffel Schmalz, 100 g Dörrfleisch, 2 Zwiebeln, 2 Stangen Lauch, 1 Stück Sellerieknolle, 1 dicke Karotte, ½ Teelöffel gemahlener Lorbeer, 1 Liebstöckelblatt, 5 zerstoßene Wacholderbeeren, 1 kg mehlige Kartoffeln, Salz, Pfeffer, ½ Teelöffel getrockneter, gerebbelter Majoran, 1½ l Fleischbrühe, ⅛ l Sahne
Außerdem: geröstete Weißbrotwürfel, in Stücke geschnittene Frankfurter Würstchen, Bratwurst oder Rindswurst

Das Gemüse waschen, putzen und würfeln. Die Kartoffeln schälen und in dünne Scheiben schneiden. Das Dörrfleisch würfeln und in Schmalz anbraten. Das Gemüse kurz mitschmoren, würzen und mit Brühe ablöschen. Alles weich kochen, bis die Kartoffeln zerfallen. Mit der Sahne verfeinern.

Die Würstchen bzw. Wurst einlegen und miterhitzen. Mit gerösteten Brotwürfeln auf den Tisch bringen und in vorgewärmte Teller füllen.

Dazu ißt man große Stücke „Quetschekuche" (s. S. 98).

Linsensuppe

(Linsesupp)

Linse, wo sin se?
Im Dippe, se hippe,
se koche drei Woche
un sin noch so hart wie Knoche.
Deck se zu,
dann hawwe se Ruh!

500 g Linsen, 2 dicke Stangen Lauch, 2 dicke Karotten, ½ Knolle Sellerie, 100 g Zwiebeln, 2 Kartoffeln, ½ Lorbeerblatt, 1 Thymianzweig, 2 l Fleischbrühe, 250 g Dörrfleisch, 20 g Schmalz, Salz, Pfeffer, 2 Eßlöffel Essig (nach Belieben)
Außerdem: Wurststückchen, gleich welcher Art

Die Linsen gründlich waschen. Das Gemüse waschen, putzen und in kleine Würfel schneiden.

Die Brühe erhitzen und die Linsen mit dem Gemüse und den Gewürzen weich kochen. Etwas stampfen, damit die Suppe leicht sämig ist. Das Dörrfleisch in Schmalz anbraten und in die Suppe rühren. Vorsichtig nachwürzen. Alte Frankfurter Art: Ein Paar Tropfen Essig zugeben, das erhöht nicht nur das Aroma, sondern auch die Verträglichkeit. Als Einlage dienen Wurstwürfel wie bei der sämigen Kartoffelsuppe. Dazu wird Apfelbrei (Apfelmus) gegessen.

Frische Erbsensuppe mit Eierschwämmchen

Im Gegensatz zu der üblichen Erbsensuppe wird die Frankfurter Variante mit frischen Erbsen gekocht.

1 kg Erbsen mit Schoten, 1 Schinkenknochen oder einige Speckschwarten, 100 g geräucherter Bauchspeck, 60 g Schmalz, 3 Zwiebeln, 4 Karotten, ½ Sellerieknolle, 1 Stange Lauch, 1 Lorbeerblatt, etwas Majoran, 1 l Fleischbrühe, ¼ l Milch, etwas Mehl zum Andicken, 500 g gekochte Kartoffeln (in Würfel geschnitten), 4 Frankfurter Würstchen (in Scheiben geschnitten)

Die Erbsen auspalen und waschen. Den Bauchspeck, die Zwiebeln und die Karotten in Würfel schneiden und kurz in Schmalz anbraten. Danach mit Brühe auffüllen, die Erbsen und den Knochen zugeben. Einige Schoten mitkochen und später entfernen. Den kleingeschnittenen Lauch und die Sellerieknolle zugeben, mit Majoran und Lorbeerblatt würzen und gar kochen. Danach das Fleisch herausnehmen. Milch mit etwas Mehl anrühren, die Suppe damit aufkochen und mit den Kartoffelstückchen und Würstchenscheiben anreichern. Recht heiß servieren.

Anmerkung: Statt frischer Erbsen kann man auch 750 g Tiefkühlerbsen nehmen. In vielen Familien reichert man die Suppe nicht mit Kartoffelstückchen an, sondern mit Eierklößchen, „Eierschwämmchen" genannt. Dazu verquirlt man 2 Eier mit Salz, Pfeffer und Muskat und gibt soviel Mehl dazu, bis eine dickliche Masse entsteht. Davon sticht man kleine Klöße ab, läßt sie in die kochendheiße Suppe gleiten und gar ziehen.

Gemies un Kartöffelcher

Bockenheim

Täuschen wir uns nicht: Die gute alte Zeit war so romantisch nicht! Allein die reichen Bürger wußten angenehm zu leben. Den Großteil der Bevölkerung aber bildeten die Bauern, Gärtner, Fischer und Handwerker, die sehr wohl Mühe hatten, ihre Familien ausreichend zu ernähren.

Dabei waren die Bauern noch am besten dran. Der gute Boden, das fast südländische Klima und ihr enormer Fleiß sorgten für hohe Erträge, die sie auf den Märkten der Stadt absetzten. Ebenso die Gärtner. Die bildeten, um ihre Interessen bei den Stadträten besser vertreten zu wissen, eine Zunft, die 1718 auf etwa 100 Mitglieder angewachsen war. In „Ländliches Leben im alten Frankfurt", erschienen 1979 im Waldemar Kramer Verlag in Frankfurt, berichtet Rudolf Maxeiner dazu:

„... Damit ist aber keineswegs ein wirtschaftlicher Aufschwung des Gartenbaus signalisiert – eher ist das Gegenteil eingetreten. Die vorhandenen Flächen mußten durch eine größere Zahl von Gärtnern geteilt werden, denn neu gerodete Flächen kamen nur in verschwindend geringem Umfang hinzu. Zu allem Überfluß lieferten auch die vor der Stadt liegenden Gutshöfe, die Bauern der benachbarten Dörfer und sogar die Blumengärtner Gemüse auf den Markt und machten den Gärtnern, die vom Gemüsebau leben mußten, ihr Dasein schwer. Kein Wunder, daß die Gärtner häufig beim Rat der Stadt gegen die unliebsame Konkurrenz Sturm liefen. Die Einrichtung der Gärtnerzunft hatte also schon ihre Berechtigung. Das Zunfthaus der Gärtner mit einer Trinkstube lag in der Vilbeler Gasse; neben der Gärtnerzunft bestand schon früher an der Peterskirche eine Bruderschaft der Gärtner, die nicht nur geistliche, sondern auch handfeste wirtschaftliche Interessen für ihre Mitglieder wahrnahm.

Die Gärtnerzunft besorgte übrigens lange Zeit den gemeinsamen Einkauf von Sämereien, vor allem Zwiebel- und Krautsamen. Damit sind wir bei den zwei wesentlichen Erzeugnissen der Frankfurter Gärtner. Diese Spezialitäten wurden nicht nur in Frankfurt abgesetzt, sondern bildeten offensichtlich begehrte Exportartikel, die bis nach Mainz und Bingen gingen, eine für die damaligen Verkehrsverbindungen schon ansehnliche Entfernung. Es spricht für den Charakter einer handelsoffenen Stadt wie Frankfurt, daß sie einerseits die Ausfuhr förderte, andererseits aber auch ihre Tore für Erzeugnisse aus der Umgebung öffnete. Die einheimischen Gärtner wären zur Versorgung der Bevölkerung mit Gemüse und Kräutern ohnehin nicht in der Lage gewesen; man war auf die umliegenden ländlichen Gebiete angewiesen, und es ist durchaus zu verstehen, wenn sich der Rat der Stadt den häufig vorgebrachten Monopolbestrebungen der Gärtner energisch widersetzte. Die Marktordnung von 1660 beweist, daß der Frankfurter Markt von Hockinnen aus Oberrad, Bornheim, Offenbach, Frechenheim, Bürgel, Rumpenheim, Bonames, Hausen, Cronberg, Ursel, Weißkirchen, Rödelheim, Bockenheim, Ginnheim und Eschersheim beschickt wurde. Den Lieferanten aus den verschiedenen Ortschaften waren auf dem Markt bestimmte Standplätze zugewiesen, und die Besucher des Marktes wußten genau, bei wem sie kauften."

Unter „Markt" darf man sich nicht eine an einem Standort plazierte Einrichtung vorstellen, denn bis zum 19. Jh. hatte jeder Berufsstand sein „Quartier", wo die Hockinnen, die Marktfrauen, bei Wind und Wetter, sommers wie winters, vor ihren Gemüsekörben saßen.

Sophie Eckardt-Jassoy schildert in „Unvergängliche Vergangenheit" das Marktgeschehen wie folgt: „... Da sitzen sie, die Frauen aus Sachsenhausen, unter Gottes freiem Himmel, im Sommer wie im Winter, bei Sonnenschein und bei Regen, bei Sturm und im tiefen Schnee, ein arbeitsgewohntes, abgehärtetes Geschlecht, gesund an Leib und Seele und mit einem gottgesegneten Mundwerk begabt. Um sie herum stehen die Körbe, die sie auf dem Kopf in kerzengerader Haltung über die Brücke hergetragen haben, und die nur, wenn es zu viele sind, auf einem Karren herübergeschoben werden. Alle

Köchinnen in den alten Familien und alle Hausfrauen haben ihr angestammtes Gemüseweib, und nur selten wird eine Extratour getanzt, wenn die Gottgegebene einmal etwas nicht hat. Aber wehe, wenn sich ein Neuling oder gar eine ›Hergeloffene‹ auf den Markt wagt und denkt, sie könne nach Belieben herumprobieren und durch Schlechtmachen der Ware auf den Preis drücken!

Schon von weitem tönt diesem Neuling ein freundlich aufforderndes und verlockendes »Ei, komme Se doch emal her, mei Liebsche, mei Goldsche, mei Herzsche, mei Engelsche« entgegen, besonders, wenn es eine junge, hübsche Frau ist. »Ei, gucke Se doch emal, was ich alles hawwe du! So schööne Blummekiel un die erschte Persching, mit Bäckelscher grad so schöö rot wie Sie se hawwe. Komme Sie nur, mei Herzsche, ich geb's aach billich!« Kommt nun das ›Herzsche‹ ahnungslos heran und findet ihn unreif, und hält sie den Blumenkohl für zu teuer und die Butter für nicht frisch genug, dann kann das ›Herzsche‹ was erleben: ein Segen saftigster Sachsenhäuser Schimpfwörter prasselt hinter ihr her, noch verstärkt durch den einfallenden Chor der ringsum sitzenden Weiber. »Ei, guckt doch

emal die Hahnlgans a, wie die dahersteiht! So e dumm Oos, so e Hergeloffene, die noch net emal trocke hinner de Ohre is. Määnt die, se könnt so iwwer den ganze Markt sich satt nasche? Nä, des gibts bei uns net!« Dem Opfer bleibt dann nichts anderes als schleunigste Flucht übrig. ..." (Zitiert aus Rudolf Maxeiner „Ländliches Leben im alten Frankfurt", erschienen im Waldemar Kramer Verlag in Frankfurt.)

Ende des 19. Jhs. wurde das Marktgeschehen, das sich durch die ganze Innenstadt zog, vollends untragbar. Die Stadt wuchs, aus dem dörflichen Frankfurt entwickelte sich eine aufstrebende Industrie- und Bankenstadt. Für den „Markt" mußte man eine andere Lösung finden, und die realisierte sich in Form einer Markthalle. Natürlich sträubten sich sämtliche Marktbeschicker zunächst, die frische Luft gegen eine Hallenatmosphäre einzutauschen, aber auch diese Einrichtung ist mittlerweile zu einem festen Begriff für den Ein- und Verkauf geworden.

Spispi

In vielen Familien Frankfurts ißt man am Gründonnerstag Spispi. Das ist Spinat und Spiegelei. Der Spinat wird wie überall gekocht, jedoch muß er vor Fett glänzen. Dazu gibt es Bratkartoffeln und Spiegelei.

Grüngemüse „Neunerlei"

Ein altes Gründonnerstagsgericht war das Grüngemüse, der erste zarte Vitaminspender nach dem kargen Winter. Man benötigte 9 Kräuter bzw. Gemüsesprossen, u. a. Scharbockskraut, Brunnenkresse, Hopfenkeime und anderes „Grünzeug" aus Wiesen und Gärten. Ebenso beliebt war die Zusammenstellung von Brunnenkresse, Lauch, Brennesseln, Sauerklee, Wegwarte, Löwenzahn, Bibernelle, Fetthenne, Schlüsselblumen oder Holundersprossen. Sie wurden gehackt und in eine Bechamelsauce gerührt. Ihre harntreibende Wirkung war bekannt; sie entschlackte den Körper und regenerierte ihn aufs beste.

In diesem Zusammenhang ist ein weiteres Gründonnerstagsgericht erwähnenswert, das im Mittelalter aus keimenden Nesselblättchen und grünen Kohltrieben gemacht wurde: **Gründonnerstagskohl.** Heute ist dieses Rezept nur noch schwer nachzuvollziehen und entspricht wohl kaum mehr unserem Geschmack.

Zuckerschoten

500 g Zuckerschoten, 2 Eßlöffel Butter, Salz, Pfeffer, 1 Eßlöffel Sahne, etwas gehackte Petersilie

Die Schoten abfädeln und waschen. Die Butter in einem Topf zerlassen. Die Sahne hineingeben und anschließend die tropfnassen Schoten. Zart würzen, den Deckel auflegen und unter häufigem Schütteln und Schwenken des Topfes die Schoten 7 Minuten dämpfen. Danach den Deckel abnehmen und die Flüssigkeit einkochen lassen. Mit gehackter Petersilie überstreuen.

Artischocken

Artischocken sind veredelte Distelblüten, die vornehmlich in südländischem Klima wachsen. Da Frankfurt in manchen Jahren mediterrane Wärme erreicht, kann diese Delikatesse auch hier gedeihen. Aus Goethes Briefen von Weimar aus an Marianne Willemer, eine Frankfurter Freundin der Familie, wissen wir, daß der Dichter häufig um eine Sendung Artischocken aus der Heimat bat. Hier Ausschnitte aus 2 Briefen:

23. August 1824
„... Ist es nicht beschwerlich, so bitte ich noch zunächst um eine Sendung Artischocken; ich konnte nicht unterlassen, die nächsten Freunde und Schönschmecker damit zu bewirten, und so ward der teure Vorrat nur allzubald aufgezehrt ..."

27. September 1827
„... Nun aber darf ich der kostbaren küchlichen und kellerlichen Gaben nicht vergessen, die mir zu diesen reiselustigen Zeiten, wo meine Tafel fast täglich mit hin- und herwandernden Freunden besetzt ist, aufs erfreulichste zu Hilfe kommen. Ob die Artischocken dieses Jahr, durch die Witterung begünstigt, besser sind als je, oder ob es in der glücklichen Disposition der Gäste liegt, will ich nicht entscheiden: genug, man versichert, von dergleichen Zartheit und Süßigkeit noch niemals genossen zu haben ..."

4 Artischocken, 1 Zitrone, 2 Tassen Salzwasser, ½ Tasse Öl

Von den Artischocken die Stiele und äußeren Blätter entfernen. Von den übrigen Blättern die Spitzen abschneiden. Die herausragende Spitze der Frucht abschneiden. Die Blütenfäden, das sogenannte Heu, ausstechen. Darauf achten, daß *alle* Fäden entfernt worden sind. Die Artischocken in Zitronenwasser waschen. Danach die Schnittflächen zusätzlich mit Zitronensaft einreiben, damit sie nicht dunkel werden. In einem Topf das Salzwasser mit dem Öl mischen und zum Kochen bringen. Die Artischocken einlegen und 30–40 Minuten garen. Früher aß man die Früchte wie ein Gemüse, mit heißer Butter oder Bechamelsauce, sozusagen als Beilage.

W. Schünemann (Kochbuch v. 1842) füllt die gekochten, etwas flachgeschnittenen Artischocken mit einer Fleischfüllung (z. B. Bratwurstbrät), setzt jeweils zwei zusammen und paniert sie wie ein Schnitzel. Danach werden sie in heißem Fett ausgebacken und mit ebenfalls ausgebackener Petersilie serviert.

Johannislauch

Johannislauch, heute als Lauchzwiebeln bekannt, gab es früher nur im Juni/Juli (Namensfest des hl. Johannes: 24. Juni). Als eines der ersten Frühsommergemüse war es besonders beliebt.

1 kg Johannislauch, ½ l Fleischbrühe, 3 Eßlöffel Öl, 100 g Dörrfleischwürfel, 1 Teelöffel Essig

Den Lauch putzen, waschen und 5 Minuten in die kochende Brühe legen. Den Speck ausbraten, mit etwas Essig würzen und heiß über den Lauch gießen.

Lauch mit Würstchen

4 Stangen Lauch, Salzwasser, 4 Eßlöffel Öl, 4 Eßlöffel Essig, Salz, Pfeffer, Zucker, 60 g Dörrfleisch, 4 Paar Würstchen

Den Lauch putzen und nur den weißen Teil der Stangen verwenden. Der Länge nach halbieren, waschen und in Salzwasser vorsichtig garen, damit er nicht auseinanderfällt. Inzwischen eine Salatsauce aus Öl, Essig, Salz, Pfeffer und Zucker herstellen. Das Dörrfleisch ganz fein würfeln und in der Pfanne ausbraten. Das Speckfett abgießen. Den abgetropften heißen Lauch in eine flache Salatschüssel schichten, mit Salatsauce beträufeln und mit den Speckwürfeln – ohne Speckfett – belegen. Dazu gibt es Frankfurter Würstchen, die nicht kochen, sondern nur in heißem Wasser ziehen dürfen. Zur Vervollständigung des Gerichts serviert man Kartoffelbrei.

Lauchauflauf

1 kg Lauch, 20 g Butter, ½ l Salzwasser, Kochschinken, 60 g Dörrfleisch, 40 g Butter, 40 g Mehl, je ⅛ l Fleischbrühe, Gemüsebrühe und Sahne, 1 Eßlöffel Schmelzkäse, Käseraspeln, Butterflöckchen

Vom Lauch nur die weißen Enden verwenden. Den Lauch waschen. Tropfnaß in Butter anschwitzen und in Salzwasser 10 Minuten dünsten. Danach abgießen, die Gemüsebrühe aber auffangen. Jede Stange Lauch in Kochschinken wickeln. Eine Auflaufform buttern, die „Rollen" hineinlegen. Das Dörrfleisch würfeln, in Butter anbraten. Mit Mehl bestäuben und mit Brühe loskochen. Mit Sahne und Schmelzkäse verfeinern. Diese Sauce über den Lauch gießen. Darüber Käseraspeln und Butterflöckchen streuen und bei 250 Grad überbacken.

Weißkrautauflauf mit Frankfurter Würstchen

1 mittelgroßer Kopf Weißkraut, 60 g Schmalz, 60 g Dörrfleisch, 2 Zwiebeln, 1 Apfel, 2 Gläser Apfelwein, ¼ l Sahne, 2 Eigelb, einige Scheiben Dörrfleisch, Pfeffer, Salz
Außerdem: Frankfurter Würstchen

Das Weißkraut waschen, putzen und in grobe Streifen schneiden. In kochendem Salzwasser blanchieren. Abtropfen lassen. Dörrfleisch, Zwiebeln und Apfel fein würfeln und in Schmalz goldgelb ausbraten. Das Weißkraut würzen und in dem Fett wenden. Auskühlen lassen.

Eine Auflaufform fetten. Unter das kalte Weißkraut den Apfelwein und die in Sahne verquirlten Eier rühren. In die Form pressen, glattstreichen und mit Dörrfleischscheiben abdecken. 30 Minuten im vorgeheizten Ofen bei 225 Grad braun backen. Die Würstchen erhitzen und auf einer angewärmten Platte zum Auflauf servieren.

Weißkraut mit Flöh'

(Fußlappengemies)

Weil die Krautblätter handtellergroß gezupft werden, nennt man sie „Fußlappen", und „Flöh" sagen die Frankfurter spöttisch zum Kümmel.

1 mittelgroßer Kopf Weißkraut, 40 g Schmalz, 1 Zwiebel, 1 Eßlöffel Kümmel, 4 Kartoffeln, je 1 Glas Apfelwein und Brühe, Salz, Pfeffer

Das Kraut waschen. Die Blätter in handtellergroße Lappen zupfen. Die festen Rippen entfernen. In heißem Salzwasser kurz blanchieren. Abtropfen lassen. Die Zwiebel und Kartoffeln schälen und würfeln. In Schmalz hell anbraten. Den Kümmel kurz miträsten, dann das Weißkraut daraufgeben. Wenden und mit Wein und Brühe ablöschen. Würzen und weich kochen. Kurz vor Ende der Kochzeit den Deckel vom Topf nehmen und die Flüssigkeit leicht einkochen lassen. Man ißt dazu Bratwurst oder „Rippcher".

Sauerkraut

Kann sie kochen, deine Braut?
Dann prüfe sie am Sauerkraut!

Wirklich sprichwörtlich ist die Liebe der Frankfurter zu Kraut. Früher war es das billigste und meistangebaute Gemüse, das sich auch im Winter gut konserviert hielt. Doch auch heute noch ist es jahrein-jahraus auf den Frankfurter Speisekarten zu finden: Ob mit Würstchen oder Leberklößen, mit Rippchen, Leiterchen, Haspel, Spanferkel oder sogar mit Fisch (s. S. 78), es paßt zu allem, wie es scheint.

500 g Sauerkraut, 100 g Dörrfleisch, 40 g Schmalz, 1 dicke Zwiebel, 1 dicker Apfel oder 1 Glas Apfelwein, 2 Lorbeerblätter, 10 Wacholderbeeren, Salz, Pfeffer, eine Prise Zucker, ¼ l Fleischbrühe

Dörrfleisch, Zwiebel und Apfel würfeln und in Schmalz hell anrösten. Das Sauerkraut zugeben, kurz anschwitzen und mit den übrigen Zutaten anreichern. 30 Minuten kochen lassen. Ab und zu kontrollieren, ob noch Flüssigkeit vorhanden ist, sonst nachgießen. Wenn das Kraut gar ist, sollte es möglichst trocken sein und goldgelb- bis braun-glänzend aussehen.

Anmerkung: Wenn Sie Solwerfleisch (Rippchen, Haspel, Leiterchen usw.) mitkochen wollen, dann kochen Sie dieses halb gar vor. Danach legen Sie das angebratene Kraut darauf. Eventuell etwas Flüssigkeit abnehmen. Zunächst sparsam salzen, da das Fleisch häufig noch Salz abgibt.

Wenn's Sauerkraut regnet
un Rindswerschtcher schneit,
Dann bitt ich de Herrgott,
daß des Wetter so bleibt.

(Kinderreim)

Kastanien mit Majoran

Im Herbst werden auf Märkten und Plätzen geröstete Eßkastanien angeboten. Frisch gesammelt am Stadtrand und im Taunus, sind sie aber auch beliebt als Beilage zu Wirsing mit Rindfleisch und als Füllung einer Gans.

1 kg Eßkastanien, 40 g Butter oder 3 Eßlöffel Öl, Salzwasser, Pfeffer, 1 Tasse frischer Majoran

Die Kastanien waschen, leicht einritzen und im Ofen rösten, bis die Schalen aufspringen. Schälen und in heißer Butter leicht anschmoren. Nur so viel Salzwasser zugeben, daß die Kastanien nicht ansetzen. Wenn die Flüssigkeit verdampft ist, neue zusetzen, bis die Kastanien weich sind. Majoranblättchen hacken. Die Kastanien mit Pfeffer und Majoran würzen und möglichst sofort servieren.

Bratkartöffelcher

Gekochte Pellkartoffeln – es dürfen auch Kartoffelreste sein – in Scheiben schneiden. In reichlich Schmalz knusprig braun braten. Eventuell eine gewürfelte Zwiebel mitbraten. Leicht mit Salz bestreuen und zu vielerlei Fleischgerichten servieren: z. B. zu Spanferkelbraten, zu Sülze oder Schwartemagen, zu gekochten Eiern in grüner Sauce oder zu gebratenem Fisch.

Rohgereeste

Gereeste heißt Geröstete.

1 kg festkochende Kartoffeln, ½ Tasse Fleischbrühe, 2 Zwiebeln, 40 g Schmalz, 50 g Dörrfleisch, Salz, Petersilie oder Schnittlauch

Die Kartoffeln schälen und in feine Scheiben schneiden. In einer Pfanne die Brühe erhitzen. Die Kartoffelscheiben hineingeben und mit halbaufgelegtem Deckel dämpfen, bis alle Flüssigkeit eingekocht ist. Inzwischen die Zwiebeln und das Dörrfleisch würfeln. Mit dem Schmalz zu den Kartoffeln geben. Diese schön braun braten und vorsichtig nachsalzen. Mit Schnittlauchröllchen oder gehackter Petersilie überstreut servieren.

Gereeste sind ebenfalls Beilagen zu allerlei Fleischgerichten (s. Bratkartöffelcher).

Tip: Statt in Brühe lieber in „Muckefuck", das ist einfacher Malzkaffee, andünsten. Das gibt den Kartoffelscheiben eine besonders schöne braune Kruste.

Sachsenhäuser Backofenkartoffeln

Sie werden auch „Bäckerkartoffeln" genannt. Früher brachte man kurz vor Mittag große irdene Töpfe, gefüllt mit dem Auflauf, zum Bäcker. So nutzte man die Restwärme vom Brotbacken aus und sparte dadurch hauseigene Energie. Außerdem waren die Töpfe zum Teil so groß, daß sie nicht in den eigenen Ofen paßten. Das Gericht hat zwei Vorzüge: es läßt sich wunderbar vorbereiten, und man kann die Reste vom Vortag darin verwenden.

1 kg festkochende Kartoffeln, 2 Zwiebeln, 40 g Schmalz, Salz, Pfeffer, Bratenreste vom Vortag

Die Kartoffeln in der Schale garen. Pellen und auskühlen lassen. In Scheiben schneiden. Eine Auflaufform mit Schmalz ausstreichen. Die Zwiebeln in Würfel schneiden. Diese mit den Kartoffelscheiben mischen und in die Form legen. Mit Schmalzflöckchen belegen und 15 Minuten bei 200 Grad backen. Inzwischen das Fleisch würfeln und in der Sauce erwärmen. Über die Kartoffeln streichen und nochmals 10 Minuten bei 200 Grad backen. *Wichtig:* Nur so viel Sauce verwenden, daß das Fleisch gerade gut abgebunden ist.

Dazu ißt man heute einen Salat, je nach Saison. Am liebsten mag man in Frankfurt dazu Mauseöhrchensalat (Feldsalat).

Früher setzte man den Topf mitten auf den Tisch, und jeder löffelte daraus nach Herzenslust, getreu dem Motto:

Die Gabel bringt Ehr,
der Löffel bringt mehr.

Kartoffelsalat

Kartoffelsalat mit Würstchen, das ist für manchen Frankfurter der Inbegriff aller Köstlichkeit – und wehmütige Erinnerung an die wunderbaren Sonntage, an denen man „in die Natur" ging und seinen Rucksack oder Picknickkorb mitnahm. Da wurden dann in frischer Luft und bei riesigem Hunger Berge von Frikadellen, hartgekochten Eiern, kalten Koteletts und Kartoffelsalat verspeist. Unter den Kartoffelsalat, den man für den Mittagstisch zu Hause vorbereitete, mischte man zusätzlich Speckkraut. Für das Picknick entfiel er verständlicherweise. Speckkraut ist hier der Name für Feldsalat, weil er mit Speck angemacht wird. Sehen Sie selbst:

1 kg festkochende Kartoffeln, ½ Tasse Öl, 60 g Dörrfleisch, 1–2 Zwiebeln, 1 Tasse Brühe, Salz, Pfeffer, 100 g Feldsalat, ½ Bund Petersilie oder Schnittlauch

Die Kartoffeln in der Schale kochen und heiß pellen. In Scheiben schneiden. Dörrfleisch und Zwiebeln würfeln. Das Öl in einer Pfanne erhitzen. Dörrfleisch und Zwiebeln darin leicht anbraten. Mit Brühe ablöschen. Diese Marinade wird heiß über die Kartoffelscheiben geschüttet und vorsichtig untergehoben. Einige Zeit ziehen lassen. Dann würzen. Den Feldsalat putzen, waschen und abtropfen lassen. Die Kräuter fein schneiden. Zum Schluß unter den noch warmen Salat heben. Sofort servieren.

Tip: Sollte der Salat schon ausgekühlt sein, wärmt man ihn kurz auf.

Teller vorwärmen. Würstchen erhitzen und auf die Teller legen. Dazu den Kartoffelsalat servieren.

Grie Sooß

Nach verlornen
Ne quæras iterum florem nitidumq;
Man spricht: Nach den verlornen Dingn,
Soll man nicht viel, ja gar nicht ringn

…an nicht viel ringen .

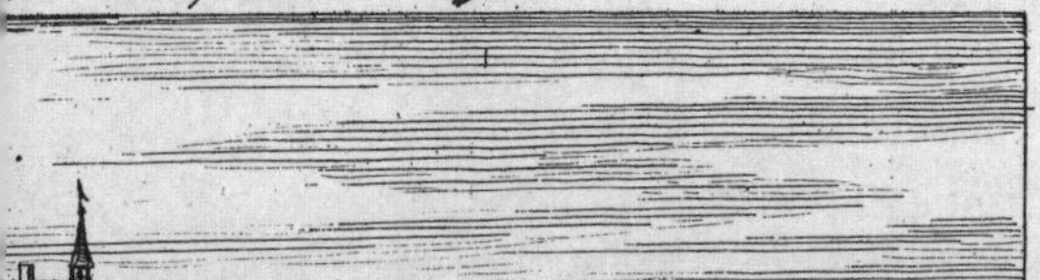

…i modò præterÿt, qui modò blandus erat .

Die Blum, so ietzt war schön und grün
Auch lieblich, ist ietzt gantz dahin .

Rödelheim

Die grüne Sauce ist bei weitem nicht so alt, wie man meint. Auch wenn häufig behauptet wird, Frau Aja Goethe, Goethes Mutter, habe schon ihren Sohn damit verwöhnt, so weiß man heute, daß das Rezept erst im Laufe des letzten Jahrhunderts zur heutigen Köstlichkeit entwickelt wurde. Zu Goethes Zeiten war diese Sauce eine gutgewürzte Mayonnaise, die mit frischgepreßtem Kräutersaft von 2 oder 3 verschiedenen Kräutern grün eingefärbt wurde.

Schon im Mittelalter war der Gebrauch von Kräutern sehr beliebt. Man verwendete sie in der Naturheilkunde zu Salben, Tinkturen und Tees, in der Küche zum Würzen von Speisen und Getränken. Daß dabei häufig überwürzt wurde, ist durch alte Rezepte belegt und ergab sich aus der Notwendigkeit, nicht mehr ganz frische Lebensmittel (besonders Fleisch) doch noch genießbar zu machen.

Besonders beliebt waren Petersilie, Sauerampfer, Dragant (Estragon) und Brunnenkresse. Sie wuchsen (mit Ausnahme von Petersilie) wild, und man fieberte nach den vitaminarmen Wintermonaten den zarten jungen Pflänzchen nahezu entgegen. Sauerampfer wurde z. B. in Suppen, Saucen und Pürees verarbeitet, für Brunnenkresse gibt es sogar ein mittelalterliches Geleerezept. Um die Kräuter länger als eine kurze Frühjahrszeit (Gründonnerstag gab's die Sauce das erste Mal) genießen zu können, um im Sommer und Winter nicht den Geschmack zu vermissen, trocknete man die Kräuter oder legte sie in Öl ein. Aus ihnen bereitete man eine kräftige Kräuter-Öl-Marinade (s. S. 40) wie sie uns auch aus Italien (salsa verde), aus Frankreich (sauce verte), aus Mexiko (salsa mexicana) und ähnlich auch aus England (mint sauce) bekannt ist.

Heute, in der Zeit der Treibhäuser, der Kühlhäuser und der Tiefkühltruhen, läßt sich die grüne Sauce nahezu das ganze Jahr frisch zubereiten. Überall auf den Märkten in und um Frankfurt werden frische Kräuter das ganze Jahr über angeboten. Sie sind, richtig portioniert, in Bündeln zu kaufen. Unkundigen wird damit zugleich das Mengenverhältnis klar, und das Rezept wird sogar mitgeliefert. Sollten Sie den Vorzug eines eigenen Kräutergartens besitzen, dann denken Sie daran: In die Sauce gehören 7 Kräuter, frisch, jung und zart. Und damit beim Hacken kein Kräutersaft verlorengeht, sollten Sie die Blättchen – denn nur sie werden gebraucht – auf einer Porzellan- oder Marmorplatte fein zerkleinern. Aus der Palette des Angebots (Petersilie, Schnittlauch, Kerbel, Kresse, Pimpernell, Sauerampfer, Borretsch, Dill, Estragon, Zitronenmelisse und etwas Liebstöckel, eventuell auch Spinat) wählen Sie 7 Kräuter aus. Die Mayonnaise können Sie natürlich nach einem Grundrezept selber bereiten.

Mit der Zeit entwickeln Sie sicher *Ihr Hausrezept.* Ob mit Voll-Mayonnaise oder mit einer Mayonnaise-Joghurt-Mischung, ob mit saurer Sahne oder mit Crème fraîche und Joghurt, wichtig ist, daß 7 Kräuter zusammengestellt werden.

1 Durchschlag voller Kräuter oder 2 gekaufte Bouquetpackungen, 250 ml Mayonnaise, 2 Eßlöffel saure Sahne oder Joghurt, 1 Zwiebel, eventuell 1 Knoblauchzehe, 1 Eßlöffel Senf, Saft und abgeriebene Schale von 1–2 Zitronen, Pfeffer, Salz, 1 Prise Zucker, 2 hartgekochte Eier, 1 Gewürzgurke

Die Kräuter waschen. Die Blättchen entstielen und fein hacken. Die Mayonnaise mit Sahne oder Joghurt, Senf, Zitrone, Salz, Pfeffer, Zucker abschmecken. Die Kräuter unterrühren. Die Zwiebel, den Knoblauch, die Gurke und die Eier fein hacken und untermengen. Nochmals abschmecken und einige Stunden im Kühlschrank durchziehen lassen.

Die „Grie Sooß" schmeckt zu hartgekochten Eiern, zu Fisch, zu gekochter, warmer oder kalt aufgeschnittener Ochsenbrust oder zu Spargel. Ein wunderbares Sommeressen wird daraus, wenn man sie zu einer „kalten Platte" serviert, bestehend aus Ochsenbrust, Sülze oder Schwartemagen, aus gekochtem und rohem Schinken und Eiern mit Bratkartoffeln.

Kräuter-Öl-Marinade

2 kleine Zwiebeln, 1 Knoblauchzehe, ½ Tasse gutes Speiseöl, 1 Eßlöffel Weißweinessig, Salz, schwarzer Pfeffer, je 1 Prise Zucker und Paprikapulver, 2 große Hände voll gemischter Kräuter (Petersilie, Sauerampfer, Estragon, Kerbel), eventuell 1 hartgekochtes Ei

Die Zwiebeln und den Knoblauch ganz fein würfeln. Das Öl erhitzen, die Zwiebeln und den Knoblauch darin hell anschwitzen. Mit dem Essig ablöschen, durchkochen und würzen. Danach erst die sorgfältig gewaschenen, gehackten Kräuter und eventuell das gehackte Ei zugeben. Im Kühlschrank gut durchkühlen.

Tip: Ohne Ei, heiß in kleine Gläser gefüllt und luftdicht verschlossen, hält sich die Sauce mehrere Wochen frisch.

Man ißt diese Sauce zu kaltem Fleisch oder Fisch oder auch mit etwas guter Brühe verlängert als Salatsauce.

Notizen und Rezepte

Alles Worscht

Der Römerberg in Frankfurt am Main

Wie bitte? Alles worscht? Im Gegenteil, wer in Frankfurt „Worscht" ißt, dem ist die Worscht alles. Der 18. Oktober war in vergangenen Zeiten der Stichtag für die alljährlichen Hausschlachtungen. Und jeder „Berjer", der auf sich hielt, schlachtete; 6 Schweine pro Haushalt waren erlaubt! Der Schlachttag, ein Tag harter Arbeit, wurde mit einem fröhlichen Abend im Kreise der Nachbarn gefeiert. Der Speckschnitt fand statt, und als Höhepunkt des Abends gab es die Worschtsupp.

Als Hausmacherwurstwaren bezeichnete man Blut- und Leberwürste und vor allem Schwartemagen. Die „Frankfurter", diese berühmten Würstchenzwillinge, wurden ausschließlich im Wurstquartier (s. auch S. 52) von Metzgern hergestellt, und zwar nur im Winter, da man außer Räuchern keine weiteren Konservierungsmöglichkeiten kannte.

Erwähnt werden die Würstchen das erste Mal in der Chronik über die Krönung Maximilians II. im Jahre 1562. Die Wurstmasse als Füllung im Ochsen am Spieß mundete allen ausgezeichnet. So bekamen die Würste zunächst den Namen „Krönungswürstchen". Später nannte man sie „Bratwerscht". Die Bezeichnung Bratwurst rührt von der Füllung her, einer Art Mett. Sie hat also wenig Bezug zum Begriff „Braten". Den Namen „Frankfurter" erhielten sie erst, als Freunde und Genießer sie im übrigen Deutschland bekannt machten. Goethe und Fürst Bismarck waren überaus große Liebhaber dieser „Frankfurter".

1860 wurde in Neu-Isenburg die erste Würstchenfabrik gegründet, die original „Frankfurter" machte. Damals waren sie dicker und schwerer. Heute sind sie lang und dünn, man rechnet etwa 10 Stück auf 1 Pfund Füllmasse.

Als man um 1890 die Konservendose erfand, war der Siegeszug dieser delikaten Würstchen nicht mehr aufzuhalten. Der Name „Frankfurter" ist heute ein Markenname, den nur solche Würstchen führen dürfen, die im Wirtschaftsbereich Frankfurt hergestellt werden. Natürlich gibt es da etliche Fabriken, die diese Delikatesse aus magerem Schweine-Schinkenfleisch, in eßbare Därme gefüllt und über Buchenspänen geräuchert, herstellen. Vor dem Verzehr werden sie nur ca. 8 Minuten in heißes Wasser gelegt. Danach ißt man sie vom vorgewärmten Teller mit Brot und Senf, mit Meerrettich oder zu Kraut und Püree.

Als schlichtere und billigere Variante boten (und bieten) die Metzger die Fleischwurst und die Gelbwurst an. Man konnte diese sogar heiß in einem aufgeschnittenen Wasserweck in der Schirn (s. auch S. 52) essen. Der Erfolg der Schweinemetzger rief natürlich den Neid und den Ehrgeiz der Ochsenmetzger hervor. Sie erfanden nach einigem Hin und Her und Ausprobieren die Rindswurst. Diese besteht aus etwas grober zerkleinertem Bullenfleisch (grober im Vergleich zu dem feinstdurchgedrehten Fleisch der Schweinewurst), ist herzhaft gewürzt und geräuchert. Sie ist im Umfang dicker als die „Frankfurter" und entwickelte sich zur Volkswurst schlechthin: Gebrüht oder gegrillt, mit Senf und Brot ist sie ein Genuß!

Friedrich Stoltze, Heimatdichter mit Herz und Humor, erzählt in einem seiner Gedichte über eine Versammlung im Frankfurter Bürgerverein. Ab 1856 war es verboten, daselbst zu speisen, es sei denn im Speisesaal. Nur die Bratwürste machten da eine Ausnahme. Hier ein Auszug aus seinem Bratwurstgedicht:

„. . . Nur e Bratworscht is erlaubt!
So e Bratworscht muß indesse
Jeder ohne Gawwel esse;
Nur die rechte Händ un linke
Sin als Gawwel mit finf Zinke
Noch gestatt – und des is gut,
Weil sich Kaans da steche dhut!
Un die Parrer un Soldate,
Medeziner, Advokate,
Owwerlehrer un Professer,
Stadtamtmänner und Assesser
Un de ganze Hannelsstand
Frißt sei Werschtche aus de Hand.

Wurstsalat I

500 g Fleischwurst, 3–4 Gürkchen, 1 Zwiebel, 1 Bund Schnittlauch, 4 Eßlöffel Öl, 1 Eßlöffel Essig, 2 Eßlöffel Wasser, 2 Eßlöffel Gurkenessig, Salz, Pfeffer

Die Fleischwurst häuten und in 2 mm feine Scheiben schneiden. Diese vierteln. Die Gurken fein hacken, den Schnittlauch in kleine Röllchen schneiden. Alle Zutaten mischen und gut durchziehen lassen. Mit Weggeli (Brötchen) essen. Dazu Apfelwein oder Bier trinken.

Wurstsalat II

8 Frankfurter Würstchen, Wasser zum Aufwärmen
Für die Marinade: 40 g Dörrfleisch, 2 Zwiebeln, 3 Eßlöffel Öl, 1 Eßlöffel Essig, 3 Eßlöffel Fleischbrühe, Pfeffer, Petersilie

Die Würstchen aufwärmen, aber nicht kochen. Das Dörrfleisch und die Zwiebeln würfeln. In Öl gelb anbraten. Mit Essig und Brühe ablöschen und durchkochen. Mit Pfeffer abschmecken. Die Petersilie hacken. Die heißen Würstchen in dünne Scheiben schneiden und mit der Marinade und der Petersilie gut vermischen. Warm servieren.

Schwartemagensalat

Was de Keenig gilt unner de Ferschte,
gilt de Schwartemage unner de Werschte.
(Frankfurter Spruch)

Unter allen Hausmacherwurstwaren nahm der Schwartemagen die bei weitem beliebteste Stellung ein. Er war nicht nur die von Goethe bevorzugte Wurst, er wird auch heute noch mit Leidenschaft als Aufschnitt, mit grüner Sauce und Bratkartoffeln, mit Musik (s. S. 118) zum Apfelwein oder als Salat verzehrt.

500 g Schwartemagen, 2 Gewürzgurken, 2 Äpfel, 2 Zwiebeln, Salz, Pfeffer, 2 Eßlöffel Gurkenessig, 2 Eßlöffel Wasser, 4 Eßlöffel Öl, 1 Teelöffel Senf, 1 Bund Schnittlauch oder Petersilie, je ½ Teelöffel getrockneter Thymian und Majoran oder 1 Teelöffel frische Kräuter, 1 gekochtes Ei

Vom Schwartemagen die Pelle abziehen. Äpfel und Zwiebeln schälen. Alle Zutaten würfeln. Die Kräuter und das Ei fein hacken. Die Marinade anrühren und würzen. Alles gut mischen und durchziehen lassen. Ein kräftig schmeckendes, dunkles Bauernbrot dazu servieren.

Würstchen im Hemd

4 Frankfurter Würstchen, 4 Scheiben Holländer Käse, 4 Scheiben gekochter oder geräucherter Schinken, Blätterteig (Tiefkühlware), 1 Eigelb

Die Würstchen zuerst in Käse, dann in Schinken rollen. Den Blätterteig ausrollen und in 4 Platten schneiden. Die Würstchen darin einwickeln. Mit der Naht nach unten auf ein Blech setzen. Mit Eigelb bestreichen und bei 180 Grad im vorgeheizten Ofen goldbraun backen. Dazu einen frischen Salat servieren.

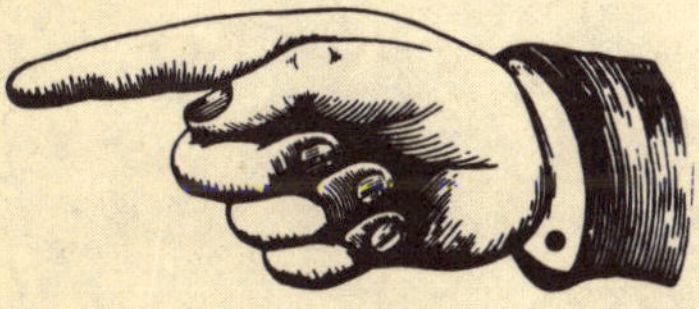

Wurstauflauf

Butter zum Fetten der Form, 2 Äpfel, 2 gehäutete Tomaten, 2 Zwiebeln, 2 Eßlöffel geriebener Käse, Salz, 4 Rindswürste, ¼ l Sahne, 2 Eigelb, Salz, 1 Teelöffel Senf, 2 Eßlöffel geriebener Käse

Eine Auflaufform ausbuttern. Äpfel, Tomaten und Zwiebeln würfeln, mit Salz und Käse vermengen. In die Form streichen. Die Würste längs halbieren und nebeneinander in die weiche Masse drücken. Die Sahne mit den restlichen Zutaten verquirlen und darübergießen. Im vorgeheizten Backofen bei 220 Grad 20–30 Minuten goldgelb backen. Dazu Laugenweck oder Stangenweißbrot essen.

Flaasch

is e wunnerbar Gemies

Frankfurt am Main

Wie schon an anderer Stelle erwähnt (s. S. 22), zeigte sich das Leben im mittelalterlichen Frankfurt von ausgesprochen ländlichem Charakter. So wie die Gemüse- und Obstbauern, die Gärtner, Fischer und Krämer ihre „Zelte” in den Quartieren aufgeschlagen hatten, waren auch dem Viehhandel vom Magistrat verschiedene Plätze angewiesen worden. Die Straßen- und Platzbezeichnungen zeugen z. T. noch heute davon: Säuplätzchen, Hühnermarkt, Roßmarkt u. a.

Der Verkauf von Fleisch- und Wurstwaren spielte sich fast ausschließlich in der Schirn ab. Dazu erklärt Maxeiner (s. auch Zitat S. 22 ff.): „Die Schirn, ein Zwischending von Laden und Marktstand, so hieß der malerische Standplatz der Metzger und Bäcker in der Altstadt. Bis zur Vernichtung dieses Kleinods im II. Weltkrieg war es üblich, daß Handwerker, Einheimische und Fremde hier ihr Frühstück einkauften – heiße Solwer oder Leiterchen, Fleischwurst oder Preßkopf, dazu einen schmackhaften Frankfurter Wasserweck –, um es in einer der vielen Gaststätten in der Altstadt bei einem Schoppen Apfelwein oder einem Glas Bier zu verzehren.

Wie die Schirn zu ihrem Namen kam? Es wird vermutet, daß das Wort Schranne Pate gestanden hat – ein Fachausdruck für die Metzgerbank. Der Volksmund hat das Wort umgeformt in die Bezeichnung ‚Schirn'.”

Victor Hugo schreibt darüber in „Le Rhin. Lettres à un ami 1838–1839, Paris 1842” folgendes:

„Die Fleisch-Schirnen gehören zu den Sehenswürdigkeiten Frankfurts, die leider wohl bald verschwinden werden. Sie nehmen zwei alte Gassen ein. Noch nie habe ich so großartige Haufen von frischem Fleisch und darüber geneigt so alte und schwarze Häuser gesehen. Ein eigener Ausdruck gefräßiger Jovialität liegt auf ihren wunderlich verschieferten und geschnitzten Fassaden, deren Erdgeschoß wie ein großer, weitaufgerissener Rachen ungeheure Ochsen- und Hammelviertel zu verschlingen scheint. Blutbefleckte Metzger laufen geschäftig herum, und rosige Metzgerinnen schwatzen anmutig unter Girlanden von Schöpsenkeulen ... Über dem ganzen hängt an einem Haken ein wunderbares, großartiges Aushängeschild, über und über vergoldet, gewiß das schönste und reichste der Welt, mit allen Emblemen der Metzgerzunft, von der Kaiserkrone überragt. Es beherrscht und vervollständigt diesen prächtigen Schlachthof, der selbst dem mittelalterlichen Paris zur Zierde gereicht hätte."

Seit dem Jahre 1884 fand der Viehmarkt und Fleischverkauf auf dem Viehhof an der Deutschherrenbrücke statt. Wie geteilt die Meinung von Händlern und Metzgern war, hat Friedrich Stoltze hervorragend charakterisiert:

Für die Händler:

Laut juwelt Frankfort widder,
Es freut sich Groß un Klaa,
Denn's öffnet bald sei Gitter
Der Viehhof an dem Maa.
In luftig weite Halle,
Die neu erbaut mer hat,
Werd's jetzt de Säu gefalle
In uns'rer Vatterstadt.
De Hämmel un de Rinner,
De Kälwer un de Kieh,
De zarte Muckekinner
Un sonst'gem fremde Vieh.
De Klepper un de Gaaße,
De Watze un de Stiern,
Un wie die Gäst' sonst haaße,
Die dort sich eiquartiern.
Nur hab' ich als e Bange
Und des verläßt mich nie,
Ob dann die Räum' aach lange
Noch für das hiesig' Vieh:
Denn's ging ins Paradoxe,
Wenn der Palast derr nor
Wär' für die fremde Ochse –
Die Frankforter geh'n vor! . . .
. . . Ihr Ochse un ihr Rinner,
Vergeßt't net, frü un spat:
Für euch, wie für sei' Kinner,
Sorgt hie de Magistrat.

Drum bitt' ich laut zu grunze,
Zu brülle' voll Pläsier:
Kaan's soll uns je verhunze
Des neue Prachtquardier!
Duut Euer Stimm' erhewe:
Die Aastalt wachs und blieh!
Hoch Frankfort, du sollst lewe
Als Metropol' für's Vieh!

Für die Metzger:

Leb wohl, du teures Worschtquardier!
Schnöd hat man uns verdrängt von dir.
Mei Fraa flennt sich die Aage rot,
Des neue Schlachthaus ist ihr Dod.
Im alte Haus, aagenehm.
Ging mer so waach un so bequem,
Wie roch die Nachbarschaft so gut
Nach Ochsemagen, Därm' und Blut;
Aach wer mer mitte in de Stadt,
Wußt', was die Uhr geschlage hat;
Aan Satz, da war mer der dehaam –
Jetzt lääft mer sich erst lende'lahm.
Mei Fraa, die is ganz deschperat
Un schimpft der uff den Magistrat
Un sägt: „Was bin ich iwwel draa,
Hock' in de Schlachthausgaß allaa
Un hör kaa Sau, kaan Ochs, kaa Kuh,
Denn spät am Awend kimmst erscht du.
Die Langeweil, die ferchterlich',
Die mächt noch melancholisch mich!"
So klagt sie jetzt den ganze Tag.
Ich wollt', das Schlachthaus hätt' de Schlag!

Spanferkel

(Sposau)

Die Liebe der Frankfurter zu ihrer Sposau ist sprichwörtlich und Jahrhunderte alt. Der Brauch, einen Spanferkelmarkt auf dem Viehhof bei der „Goldenen Luft" abzuhalten, ist verschwunden. Damals fand er jeden Samstag von Anfang Oktober bis Martini statt. Es wurden an diesen Tagen bis zu 500 Spanferkel verkauft, kleine zu 6 Pfund und große bis zu 15 Pfund Gewicht. Da so ein Schweinchen nicht viel kostete, kam das zarte und magere Fleisch den Hausfrauen recht gelegen. Am meisten aber und bestens zubereitet aß man die Sposäue in Wirtschaften. Es gab Wirte, die bis zu 10 Stück der knusprig gebratenen Delikatesse beim Bäcker braten ließen. Tatsächlich: Die Wirte brachten ihre fertig vorbereiteten Säue zum Bäcker, weil er den größeren Backofen hatte. Diese „Essen" erfreuten sich großer Beliebtheit, und aus der Gewohnheit, in seiner Wirtschaft seine Sposau zu verzehren, entwickelte sich ein feierliches Gesellschaftsmahl. Gruppen, Vereine, Betriebe bestellen gern ein Sposauessen, bei dem so recht nach Herzenslust geschlemmt werden kann. Ein trefflicher Beobachter, Johann Jacobus, berichtet über dieses „berühmte Frankforter Nationalgericht":

„Warrlich, es is kaam zu glawe, mit welcher Leidenschaft viele Frankforter Borjer an ihrer glihend geliebte Sposau henke, so daß mer sage kann, im wahre Sinn des Worts: sie fresse se vor Lieb uf! – Mit verkleerte Aage hocke se vor ihrne Mords-Porzione, un sinn so vertieft eninn, daß merr kaa Wertche net heert in der ganze Stubb, sondern bloß Gerappel mit Messern und Gawwele. – Der Aane hat sich vom Schenkel gewwe lasse – der Anner vom Hals – un widder e Annerer vom Rückgrad, was se ‚en Brickeboge' haaße, weil des unne ganz hohl is, daderfor awwer die scheenst knupperig Krost hat. – Manche ziehe aach de Kopp vor – des sinn awwer sonnerbare Heilige, denn es is doch nix draa als die trucke Zung und des tätschig Herrn, außer dere Haut wie Leder."

Damit das Spanferkel, das im Ganzen und fertig gebraten auf den Tisch kommt, eine schöne pralle Form hat (und auch ergiebiger ist), füllt man es mit einer Hackfleischfüllung (s. Rezept). Die Vorderfüße zieht man halb durch einen Schlitz in der Kopfhaut, die Hinterbeine durch ebensolche Schlitze in der Schinkenhaut. Wenn keine Füllung gewünscht wird, steckt man einen Krug in das Tier, damit es die pralle Form erhält. Das Schwänzchen übrigens zieht man durch einen Hautschlitz hoch. In das Schnäuzchen steckt man nach dem Braten eine Zitrone.

Die Spanferkelfreuden wurden an Martini abgelöst von Gansessen (s. S. 67). Friedrich Stoltze sei aus seiner „Frankfurter Latern" zitiert:

„Nach der Sposau kimmt die Gans
mit de Käste unnerm Schwanz."

Wenn Sie zu einem Spanferkelessen in Ihrer Wohnung oder Ihrem Haus einladen möchten, dann sprechen Sie rechtzeitig mit Ihrem Bäcker. Bestellen Sie folgende Füllung beim Metzger, der für Sie das Tierchen fertig dressiert und vorbereitet:

Herz, Lunge, Nieren und Leber des Tieres, 250 g Schweinehackfleisch, 3 Eier, 3 Zwiebeln, Majoran, Thymian, Salz, Pfeffer, 1 Eßlöffel Semmelbrösel

Die Innereien durch den Fleischwolf drehen und mit allen übrigen Zutaten gut vermengen. Kurz anbraten. Das Ferkel, innen und außen gesalzen und gepfeffert, füllen und danach dressieren. Braten lassen und knusprig frisch und heiß servieren.

Anmerkung: 1. Spanferkelfleisch gibt es auch portioniert in den Metzgereien zu kaufen. Braten Sie es im Ofen, damit die Schwarte schön braun wird. Öfter mit etwas Öl bestreichen.

2. Reste können Sie mit Kräutern überstreuen und in eine Marinade aus Öl und wenig Essig legen. Kalt zu Brot und Apfelwein essen.

Rippchen mit Sauerkraut

(Rippcher mit Kraut)

Das ursprüngliche Gericht wird immer aus gepökelten Schweinerippchen gekocht, denn nur durch die Pökel (= Solwer) ließ sich das Fleisch früher länger haltbar machen. Heute dagegen kann man in der Wirtschaft sowohl Solwerrippchen als auch frisch gekochte oder gegrillte Rippchen bestellen.

1 kg gepökelte Rippchen, 2 l Wasser, 1 Zwiebel, 4 Nelken, 2 Lorbeerblätter, 5 Pfefferkörner, 1 Bund Suppengemüse
Außerdem: Sauerkraut (s. S. 31)

Das Wasser mit den Zutaten zum Kochen bringen. Das Fleisch einlegen und 30 Minuten kochen lassen. Danach 1 Stunde im Sud nur noch ziehen, nicht mehr kochen lassen.

Dazu serviert man in Frankfurt traditionell Sauerkraut und Kartoffelpüree.

Tip: Auf die gleiche Weise werden Leiterchen, Haspel und Schäufelchen zubereitet.

Schweinepfeffer

Schön scharf gewürzt muß er sein! Früher kochte die Hausfrau nach dem Schlachttag immer einen großen Topf voll „Pfeffer", denn es galt ja, nicht nur die Familie, sondern auch die Nachbarn zu versorgen. Im übrigen bot es sich geradezu an, das Fleisch auf diese Art zu verwerten, da viele Fleischreste (z. B. vom Knochen) anfielen. Das Gericht heute noch mit frischgerührtem Blut zu binden, dürfte mitunter schwierig sein; deshalb schlage ich Ihnen folgende Zubereitungsweise vor.

1 kg Schweinegulasch, Salz, frischgemahlener schwarzer Pfeffer, Paprikapulver, etwas Mehl, 2 Eßlöffel Schmalz, 4 Zwiebeln, 1 Apfel, 2 Lorbeerblätter, 4 Wacholderbeeren, 2 Nelken, je 1 Teelöffel Senf und Tomatenmark, ½ l Brühe, 1 Stück Zitronenschale, eventuell Mehl zum Andicken der Sauce, etwas Essig, 1 Prise Zucker, 3 Eßlöffel saurer Rahm

Das Fleisch salzen, gut pfeffern und mit Paprikapulver bestäuben. Darüber etwas Mehl streuen und alles gut vermengen. Das Schmalz in einem gußeisernen Bräter erhitzen. Das Fleisch darin rundum anbraten. Die Zwiebel und den Apfel schälen, würfeln und ebenfalls mit anbraten. Nun die Gewürze zugeben und mit Brühe loskochen. Die Zitronenschale einlegen und mitkochen. Das Fleisch garen. Ist die Sauce nicht dick genug, bindet man sie mit etwas angerührtem Mehl. Danach schmeckt man nochmals mit Pfeffer, mit Essig und Zucker scharf süß-säuerlich ab und entfernt vor dem Servieren Lorbeerblätter, Wacholderbeeren, Nelken und Zitronenschale. Mit Rahm verfeinern.

Dazu ißt man traditionell nur Brot. Der „Pfeffer" schmeckt aber auch gut zu Klößen oder Salzkartoffeln.

Kräuterspeck

4 Scheiben mageres Bauchfleisch, Marinade (s. Kräuter-Öl-Sauce S. 40), 2 Eßlöffel Semmelmehl, Salz, Pfeffer, 1 Eßlöffel Schmalz

Den Bauchspeck für einen Tag in die Marinade legen und durchziehen lassen. Danach abtupfen, panieren, mit Salz und Pfeffer bestreuen und in dem Schmalz von beiden Seiten braun braten. Dazu Kraut und Püree servieren.

Leberknödel

500 g Schweineleber, 250 g Schweinehackfleisch, 3 Eßlöffel Semmelmehl, 1 Eßlöffel Schmalz, 2 Zwiebeln, Salz, Pfeffer, Thymian, Majoran oder Petersilie, 3 Eier, 2 l Salzwasser, 1 Zwiebel, 2 Nelken, 2 Lorbeerblätter

Die Leber durch die feine Scheibe des Fleischwolfes drehen. Die Zwiebeln schälen, fein würfeln, in Schmalz anbraten und abkühlen lassen. Die Kräuter hacken. Leber, Hackfleisch, Zwiebeln, Semmelmehl, Kräuter und Gewürze sowie die Eier gut miteinander verkneten. 10 Minuten ruhen lassen.

Inzwischen 2 l Salzwasser mit der Zwiebel, den Nelken und Lorbeerblättern aufkochen. Aus dem Fleischteig faustgroße Klöße formen und in dem Wasser 20 Minuten ziehen lassen.

Die Klöße auf Sauerkraut anrichten.

Vielfach begießt man die Klöße noch mit ausgebratenen Dörrfleisch- und Zwiebelwürfeln.

Tip: Wenn Klöße übrig bleiben, schneiden Sie sie in dicke Scheiben und braten sie in Butter goldgelb aus. Mit Püree und Salat ist das eine vollständige Mahlzeit.

Ochse am Spieß

(Krönungsochse)

Neben Aachen war Frankfurt *die* Krönungsstadt in Deutschland, zahlreiche Königs- und Kaiserkrönungen sind hier vorgenommen worden. An diesen Tagen und natürlich auch vorher herrschte ein buntes Treiben in der Stadt. Händler kamen von weither, um ihre Ware anzupreisen; die Geschäftsleute der Stadt wetteiferten mit ihnen, und auch die Wirte profitierten nicht schlecht. Goethe, der mit 15 Jahren die Krönung Josefs II. erlebte, beschreibt das Ereignis in seinem Werk „Dichtung und Wahrheit" recht anschaulich. Unter anderem berichtet er über den Brauch, die Gäste der Stadt zu bewirten. Da heißt es:

„. . . Unterhaltender aber für die Zuschauer war der Erbtruchseß, der ein Stück von dem gebratenen Ochsen zu holen kam. Auch er ritt mit einer silbernen Schüssel durch die Schranken bis zu der großen Bretterküche und kam bald mit verdecktem Gericht wieder hervor, um seinen Weg nach dem Römer zu nehmen. Die Reihe traf nun den Erbschenken, der zu dem Springbrunnen ritt und Wein holte . . ."

Die Chronik berichtet, daß der aus diesem Anlaß zubereitete Ochse eine gehaltvolle Füllung besaß, die aus Bratwurstmasse oder aus kleinen Spanferkeln bestand. Daß man mit dem Zubereiten und Braten am Spieß schon Tage vorher vollauf beschäftigt war, ist einleuchtend.

Gekochte Ochsenbrust

1½ kg Ochsenbrust, Salzwasser, 1 Stange Lauch, 1 Karotte, 1 Petersilienwurzel, 1 Zwiebel, 1 Stück Sellerie, 2 Lorbeerblätter, 2 Nelkenköpfe

Das Fleisch waschen und mit so viel heißem Wasser begießen, daß es bedeckt ist. 1 Stunde kochen lassen. Das Gemüse waschen, putzen und grob zerschneiden. Zu dem Fleisch geben und weiterkochen lassen, bis das Fleisch gar ist. Entweder warm servieren oder in der Brühe erkalten lassen und dann dünn aufschneiden. Mit grüner Sauce (s. S. 39) und Bratkartoffeln (s. S. 33) servieren.

Frankfurter Sauerbraten

1½ kg Rindfleisch aus der Hüfte, 40 g Schmalz, Salz, Pfeffer, 1 Zwiebel, 1 Karotte, ¼ Sellerieknolle, 1 kleine Stange Lauch, ½ l Wasser, ½ Tasse Rotwein, 2 Hartekuchen (s. S. 116), eventuell 1 Prise Zucker
Für die Marinade: ¼ l trockener Rotwein, ⅛ l Rotweinessig, ½ l Wasser, 1 Zwiebel, 1 Eßlöffel Gurkengewürz (gibt es fertig abgepackt zu kaufen)

Das Fleisch waschen und in eine weite Schüssel legen. Rotwein, Essig und Wasser mit der in Scheiben geschnittenen Zwiebel und den Gewürzen aufkochen und leicht abkühlen lassen, über das Fleisch gießen und kühl stellen. Am folgenden Tag das Fleisch wenden und noch einmal für 24 Stunden kühl durchziehen lassen. Danach herausnehmen, trockentupfen und in Schmalz rundum braun anbraten. Mit Salz und Pfeffer bestreuen. Das Gemüse waschen und grob würfeln. Kurz mit anbraten. Die Hälfte des Wassers angießen. Die Marinade durchseihen. Die Gewürze zu dem Braten geben, ebenso 1 Eßlöffel Marinade. 1½ Stunden schmoren lassen, dabei nach und nach das verkochende Wasser ergänzen. Nach dieser Garzeit den Rotwein zufügen und das Fleisch weich schmoren. Aus dem Bratfond nehmen und im vorgeheizten Backofen bei 150 Grad warm halten. In den Bratfond die Hartekuchen bröseln und 10 Minuten bei offenem Topf kochen. Danach durchseihen und nochmals würzen. Das Fleisch aus dem Ofen nehmen, in Scheiben schneiden. Etwas von der Sauce darübergießen, den Rest getrennt zum Fleisch servieren.

Der Sauerbraten wird in der Regel immer mit Rotkohl und Kartoffelklößen aufgetragen.

Das Lied vom Braten

Es wird mit Recht ein guter Braten
Gerechnet zu den guten Thaten;
Und daß man ihn gehörig mache,
Ist weibliche Charaktersache.
Ein braves Mädchen braucht dazu
Mal, erstens, reine Seelenruh,
Daß bei Verwendung der Gewürze
Sie sich nicht heftig überstürze.

Dann, zweitens, braucht sie Sinnigkeit,
Ja, so zu sagen, Innigkeit,
Damit sie Alles appetitlich,
Bald so, bald so und recht gemüthlich,
Begießen, dreh'n und wenden könne,
Daß an der Sache nichts verbrenne.

In Summa braucht sie Herzensgüte,
Ein sanftes Sorgen im Gemüthe,
Fast etwas Liebe insofern,
Für all' die hübschen edlen Herrn,
Die diesen Braten essen sollen
Und immer gern was Gutes wollen.

Ich weiß, daß hier ein Jeder spricht:
Ein böses Mädchen kann es nicht.
Drum hab' ich mir auch stets gedacht
Zu Haus und anderwärts:
Wer einen guten Braten macht,
Hat auch ein gutes Herz.

(W. Busch)

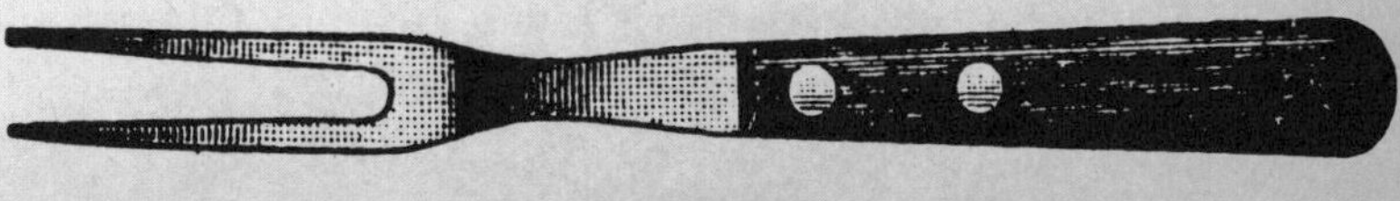

Zu allen Zeiten haben die Frankfurter gern und häufig Kalbsbraten gegessen. Die Zubereitung unterscheidet sich in ihrer Vielfalt nicht wesentlich von denen anderer Landschaften. Zwei Rezepte jedoch sind typisch:

Kalbsfrikandeau

Unter Frikandeau versteht man das Fleisch aus der Kalbskeule, vor allem das zarte Nußstück. Da die Zubereitung zeitaufwendig ist, bleibt dieser Braten den Sonn- und Festtagen vorbehalten.

Zunächst stellt man den Kalbsfond her:

1 kg Kalbsknochen (Füße, Beine, Rippen), 1 Bund Suppengemüse, 1 dicke Zwiebel, 1 Karotte, 4 Eßlöffel Öl, 1 Eßlöffel Tomatenmark, Salz, Pfeffer, ½ Teelöffel Muskatnuß, ½ Zitrone in Scheiben, 3 Nelken, 1 l Wasser

Die Knochen waschen. Das Suppengemüse, die Zwiebel und Karotte putzen und grob würfeln. Alles zusammen in Öl anbraten. Leicht würzen, Zitrone und Nelken zugeben. Das Wasser zugießen. Im vorgeheizten Ofen bei 200 Grad 45–60 Minuten schmoren. Der Topf muß verschlossen sein. Danach leicht auskühlen lassen und durchseihen. Das Gemüse fest ausdrücken.

Zum Braten: 1½ kg Kalbsfrikandeau, einige Speckstreifen, etwas Salz, 40 g Butter, ½ l Kalbsfond, ¼ l Sahne

Das Fleisch mit dem Speck spicken und salzen. In schäumendheißer Butter schnell rundum anbraten. Mit dem Fond ablöschen. Den Deckel auflegen und in den vorgeheizten Ofen schieben. Bei 200 Grad schmoren lassen, bis das Fleisch weich ist. Öfter umdrehen und begießen. Herausnehmen! Das Fleisch auf eine feuerfeste Platte legen, in den Ofen stellen. Den Fond auf die Hälfte (auf einer Herdplatte) einkochen. Die Sahne zugießen und nochmals leicht einkochen.

Das Fleisch in Scheiben schneiden. Mit etwas Sauce begießen. Den Rest der Sauce gesondert reichen. Dazu schmecken Salzkartoffeln oder Klöße und feines Gemüse, wie z. B. Spargel, zarte Erbsen oder Zuckerschoten, Schwarzwurzeln oder Rosenkohl.

Gestovtes Kalbfleisch

1 kg Kalbsgulasch, 3–4 Eßlöffel Öl, 500 g Zwiebeln, Salz, Pfeffer, 2 Nelken, ¼ Zitrone, 1 Lorbeerblatt, ⅛ l Brühe, ⅛ l Weißwein, 2 Eßlöffel flüssige, abgekühlte Butter, ¼ l Sahne, 2 Eigelb

Die Zwiebeln häuten und würfeln. Mit dem Fleisch in heißem Öl hell anschmoren (nicht braun braten!). Die Zitrone mit den Nelken spicken. Mit den übrigen Gewürzen, der Brühe und dem Wein zum Fleisch geben. Schmoren lassen, bis das Fleisch weich ist. Butter, Sahne und Eigelb verquirlen. Lorbeerblatt und Zitrone entfernen. Die verquirlte Sahne vorsichtig einrühren und kurz aufkochen lassen.

Mit Salzkartoffeln, gedünstetem Blumenkohl oder Salat sofort servieren.

Tip: Sie können das Fleisch am Vortag zubereiten. Kurz vor dem Servieren erwärmen und die verquirlte Sahne darin aufkochen.

Lammbraten

(Schöpsernes)

1–1½ kg magere Lammkeule, Salz, Pfeffer, einige Zweige Rosmarin, 2 Knoblauchzehen, 2 Eßlöffel Öl, 1 Zwiebel, 1 Stange Lauch, 1 Karotte, 1 Tasse Rotwein, ½ l Fleischbrühe, einige Scheiben Dörrfleisch, Sahne

Das Fleisch waschen, trockentupfen und mit einigen Rosmarinnadeln spicken. Den Knoblauch häuten und in Stifte schneiden. Das Fleisch auch damit spicken. Mit Salz und Pfeffer einreiben. Das Öl erhitzen, das Fleisch rundum darin anbraten. Das Gemüse waschen, putzen und grob zerteilen. Kurz mit anbraten. Mit der Hälfte der Fleischbrühe ablöschen. Die Dörrfleischscheiben auf das Fleisch legen, den Topf verschließen und in den vorgeheizten Ofen schieben. Bei 175 Grad 1½ Stunden schmoren lassen. Danach den Braten wenden, Dörrfleisch auflegen und Rotwein sowie die restliche Fleischbrühe zugießen. Nochmals in den Ofen schieben und schmoren lassen, bis das Fleisch weich ist. Danach herausnehmen und warm stellen. Den Bratfond entfetten, durchseihen, dabei das Gemüse gut ausdrücken. Mit Sahne verfeinern und 10 Minuten leicht einkochen. Das Fleisch in Scheiben schneiden. Etwas Sauce darübergießen, den Rest gesondert reichen.

Dazu essen die Frankfurter „Klassisches": Butterböhnchen und Petersilienkartoffeln.

Anmerkung: Reste des Bratens gibt es häufig am Abend als Ragout. Dazu wird das Fleisch in Würfel geschnitten und mit Zwiebelwürfelchen und geputzten, blättrig geschnittenen Champignons kurz in Butter angebraten. Mit so viel restlicher Sauce abbinden, wie nötig.

Schöpseneintopf

Zu einem Schöpseneintopf nahm man früher vorzugsweise das minderwertige Fleisch alter Hammel. Da es billig war, wurde der Eintopf häufig dem Personal vorgesetzt, was überwiegend knurrenden Unmut hervorrief, wie sich denken läßt.

1 kg Lamm- oder Hammel-Gulasch, 2 Eßlöffel Öl, Salz, Pfeffer, 1 Tasse Wasser, 1 kg Kartoffeln, 2 Zwiebeln, 2 Karotten, 1 Stange Lauch, 500 g grüne Bohnen, 1 Apfel, je 1 Zweig Thymian, Majoran und Rosmarin, ¼ l Fleischbrühe

Das Gulasch in Öl anbraten, salzen und pfeffern. Nach dem Anbraten mit einer Tasse Wasser ablöschen. Das Fleisch schmoren, bis alle Flüssigkeit verdampft ist. Die Kartoffeln schälen und in dünne Scheiben schneiden. Die Bohnen abfädeln und in löffelgroße Stücke brechen. Mit kochendem Wasser überbrühen und sofort wieder abgießen. Zwiebeln, Karotten, Lauch und Äpfel würfeln und miteinander vermischen.

Eine große feuerfeste Form mit je 2 Schichten lagenweise füllen: Fleisch, Gemüsewürfel, Kartoffelscheiben, Bohnen. Jede Lage, außer Fleisch, leicht salzen und pfeffern. Die Brühe angießen. Mit einem gebutterten Papier abdecken. Den Deckel der Form auflegen. Den Eintopf im vorgeheizten Ofen bei 200 Grad ca. 1 Stunde garen. Der Eintopf kommt in der Form auf den Tisch.

Gänsebraten

Der 11. November war früher der Beginn eines neuen Wirtschaftsjahres. An diesem Tag hatten die Bauern in und um Frankfurt Pacht und Zinsen zu zahlen, an diesem Tag auch traten Mägde und Knechte bei einer neuen „Herrschaft" ihre Dienste an. Am Martinitag endete der Spanferkelmarkt und wurde von dem Gänsemarkt abgelöst. Wer es sich leisten konnte, schloß sich der allgemeinen Tradition des Gänsebratenessens an. Das dürfte aber wohl nur bei der reichen Bürgerschaft, bei den Patriziern und den eigenständigen, unabhängigen Bauern der Fall gewesen sein. Die anderen leisteten sich allenfalls „die Ersatzgans", die Ente – wenn überhaupt. Denn Enten waren damals nicht besonders geschätzt.

Friedrich Stoltze (1816–1891), einer der bedeutendsten Dichter Frankfurts, der den Leuten „aufs Maul" schaute und gern den Hausfrauen in die Töpfe guckte, lobte in seiner unverwechselbaren Frankfurter Mundart den Gänsebraten und vor allem seine Kastanienfüllung. Hier ein Auszug aus seinem Gänsefüllsel-Rezept:

„. . . Von Butter nimmste sechse Loth,
Un e gehörig Zwiwwel,
Nemm Salz un Pfeffer aach e Poot
Un duh des in en Kiwwel,
S' derf aach e erden Dippe sei,
Da is nix vorgeschriwwe –
Un duh an Käste da enei
So Punder drei bis siwwe.
Die scheenste wern nur ausgewählt,
– Die schimmliche sin sauer –,
Doch wern se all vorher geschält
Mit Sorgfalt, mit genauer.

De Deckel druff! Un dann gedämpt
Bis se halb waasch erscheine,
Un's wern dann hibsch enei geschwemmt
Drei vertel Pund Roseine;
Es misse awwer große sei,
Dann dadrum muß ich bitte!
Un duh dann in de Dobb enei
Noch ebbes Wasser schitte.

Dann laß es koche, daß se wie
Verrickt im Dippe hippe
Un bis kaa bissi Soos un Brih
Mehr da is in dem Dippe.
Un dann mit Pfeffer un mit Salz
Reib' ei die Gans recht dichtig, –
Un dann, dann fill'se jedenfalls!
Des is besonnersch wichtig.

Un duht die Gans gebrate sei,
So kann, nach meim Bedinke,
Mer vielerleie Sorte Wei
Zu so em Brate trinke;

Champagner is gewiß erlaubt,
Aach Bordeaux is was Rechtes;
Was Gutes des is iwwerhaupt
Viel besser als was Schlechtes.

No Prost und gute Appedit
Zum Kaue un zum Schwenke!
Un duh bei jedem Biß un Schnitt
Der Vatterstadt gedenke!"

Wie die „Sposau", so können Sie die Gans mit der Hackfleischmasse füllen. Die Gans wird in einem mit ½ l Wasser gefüllten, offenen Topf im Backofen bei 200 Grad etwa 2½ Stunden unter regelmäßigem Begießen mit Bratfond goldbraun gebraten, zuerst mit der Bauchseite nach unten, dann umgedreht nach oben. Tritt zuviel Fett aus, muß es zwischendurch abgeschöpft werden.

Zum Gänsebraten ißt man Kartoffelklöße und Sauerkraut oder Rot- bzw. Rosenkohl.

Gänseleber mit Apfelscheiben

8 große Scheiben Gänseleber, ½ Tasse Mehl, 2 säuerliche Äpfel, Saft von ½ Zitrone, 2 Eßlöffel Öl, Salz, Pfeffer

Die Leber von beiden Seiten mit Mehl bestäuben. Die Äpfel nicht schälen, aber das Kerngehäuse herausstechen. Danach in 8 Scheiben schneiden und mit Zitronensaft einreiben. Zuerst die Leber kurz von beiden Seiten in Öl braten. Danach würzen und warm stellen. Nun die Apfelscheiben in diesem Fett von beiden Seiten braten. Auf jede Scheibe Leber 1 Apfelscheibe legen.

Das ist mit Rotkohl oder Salat und Bratkartoffeln oder Püree ein vollständiges Hauptgericht, mit einem Weck oder einer Laugenstange ein wunderbarer Imbiß.

Gefüllte Ente

1 Ente (1½ kg), 500 g Hackfleisch, ½ Tasse zerriebene, ungesüßte Zwiebäcke, 1 Ei, 2 saure Äpfel, 1 Teelöffel frischer Majoran (oder ½ Teelöffel getrockneter), Pfeffer, Salz, Öl, 1 Tasse Brühe, 1 Becher Rahm

Das Hackfleisch mit den Bröseln, dem Ei und den geschälten, gewürfelten Äpfeln vermengen. Gehackten Majoran, Salz und Pfeffer zum Würzen dazu! Die Ente damit locker füllen und zunähen. Von außen salzen und pfeffern. In einem Topf in wenig Öl rundum anbraten. Die Brühe angießen und danach in den vorgeheizten Ofen schieben. Bei 200 Grad unter häufigem Begießen etwa 1 Stunde garen. Sollte die Brühe zu stark einkochen, dann muß immer etwas nachgefüllt werden. Die braungebratene Ente auf eine Platte legen, warm halten und erst bei Tisch zerteilen. Den Bratensatz entfetten und mit Rahm leicht einkochen.

Dazu reicht man Rotkohl und Klöße.

Entenpastete

1 gekochte Ente (1½ kg), 1 Entenleber, 250 g Kalbsbraten, 1 Eßlöffel Öl, 2 Zwiebeln, abgeriebene Schale von ½ Zitrone, 1 Tasse entfettete Entenbrühe, 2 Eßlöffel Mehl, 4 Eigelb, ⅛ l Sahne, Salz, Pfeffer, 1 Prise Muskatnuß, einige Scheiben Dörrfleisch

Das Entenfleisch von den Knochen absuchen und mit der Leber und dem Kalbsbraten fein faschieren. Die Zwiebeln ganz fein hacken und in Öl gelb anrösten. Alle Zutaten vermengen. Den Teig pikant abschmecken. Eine Pastetenform mit Dörrfleischscheiben auslegen. Die Masse einfüllen, glattstreichen und mit Dörrfleischscheiben abdecken. Den Deckel der Pastetenform auflegen. Im vorgeheizten Ofen bei 225 Grad 40 Minuten stocken lassen.

Frischlingsbraten

Ehemals lebte in den Wäldern um Frankfurt (Spessart, Taunus, Rhön) viel Wild. Jagen und Wildern war an der Tagesordnung. Heute bieten Wildhändler in Geschäften und auf Märkten das begehrte Fleisch an. Da liest man dann z. B. auf Plakaten mit großen Lettern: „Heute Frischlingsbraten aus dem Spessart!"

1½ kg Frischlingsfleisch (Keule, Rücken, Schulter), 2 cl Wacholderschnaps, einige zerstoßene Wacholderbeeren, Salz, Pfeffer, einige Scheiben geräucherter Schinken, 2 Eßlöffel Schmalz, 2 Zwiebeln, 1 Karotte, ½ l Fleischbrühe, Sahne

Das Fleisch mit Schnaps einreiben. Danach rundum mit Wacholderbeeren, Salz und Pfeffer würzen. Einige Schinkenscheiben auflegen und mit Zahnstochern festheften. Den Braten vorsichtig in Schmalz anbraten. Das zerkleinerte Gemüse zugeben. Mit Brühe ablöschen, in den vorgeheizten Ofen schieben. Bei offenem Topf etwa 40–60 Minuten (je nach Fleischdicke) schmoren. Das weiche Fleisch herausnehmen und warm stellen. Den Fond durchseihen und mit Sahne verfeinern.

Hirschkalbs- oder Rehrücken in Rotweinsauce

Zu Goethes Zeiten nochästen Rehe und Hirsche auf den Weiden und in den Wäldern rings um die Stadt. So berichtet er von kapitalen Hirschen in der Nähe des Elternhauses am Hirschgraben.

Um den Geschmack, den Hautgout, den Kenner so sehr schätzen, nicht zu beeinträchtigen, wird der Hirschkalbs- oder Rehrücken ohne viele Zutaten wie ein normaler Schmorbraten gesalzen und gepfeffert und in einer Kasserolle im Ofen gebraten. Dabei wird häufig ein Schuß Rotwein statt Wasser zugefügt. Den gegarten Braten schneidet man am Tisch auf, die Sauce wird mit Sahne verfeinert, leicht mit zermahlenen Wacholderbeeren gewürzt und getrennt zum Fleisch angerichtet. Rotkohl und Klöße sind traditionelle Beilagen.

Rebhühner mit Weintrauben

4 junge Rebhühner, 4 Rebhuhnlebern und -mägen, 4 Herzen, 4 Scheiben fetter Speck, Salz, Pfeffer, 4 zerdrückte Wacholderbeeren, 4 dünne Scheiben Dörrfleisch, 4 Weinblätter, Butter zum Fetten der Form, 1 Tasse Weißwein, 1 Tasse Weintrauben, 1 Becher saurer Rahm

Die Rebhühner innen und außen mit Salz und Pfeffer einreiben. Die Innereien kurz anbraten. Je ein Herz, Magen und eine Leber in Speck wickeln und in die Hühner füllen. Diese mit dem Dörrfleisch und den Weinblättern umwickeln. Eine feuerfeste Form ausbuttern. Die Hühnchen hineinlegen. Den Wein angießen und die Wacholderbeeren dazugeben. 20 Minuten im vorgeheizten Ofen bei 200 Grad und mit aufgelegtem Deckel schmoren. Danach den Deckel abnehmen. Die Hühner unter häufigem Begießen braun braten. Wer Angst hat, daß Dörrfleisch und Weinblätter verbrennen, kann sie vor dem offenen Braten entfernen. Die gegarten Rebhühner auswickeln und warm stellen.

Die Sauce mit saurem Rahm und den Weintrauben auf die Hälfte einkochen. Die Hühnchen damit überglänzen. Dazu gibt es nach alter Familientradition Weinkraut und Püree.

Rebhuhnpastetchen

Rebhuhnpastetchen gab es abends als Resteessen vom Mittag. Das Ragout wurde in Blätterteigförmchen serviert oder in Blätterteig geschlagen und ausgebacken.

1 Paket TK-Blätterteig oder 6 Pasteten, Reste von 4 Rebhühnern oder 1 gebratenes, ganzes Rebhuhn, 250 g frische Pfifferlinge oder 1 Dose, 60 g Dörrfleisch, 1 dicke Zwiebel, 1 Eßlöffel Schmalz, Saft und abgeriebene Schale von ½ Orange, 1 Becher Crème fraîche, 1 Teelöffel grüner Pfeffer, Salz, 1 Prise Zucker, eventuell 2 cl Sherry oder Madeira, 1 Ei

Das Fleisch, die Pilze, die Zwiebel und das Dörrfleisch grob würfeln. In Schmalz licht anbraten. Mit der Orange würzen und die Crème fraîche untermengen. Mit Pfeffer, Salz und Zucker pikant abschmecken. Eventuell den Geschmack mit Sherry oder Madeira abrunden.

1. Möglichkeit: Die Blätterteigpastetchen im Ofen aufbacken und sofort mit dem Ragout füllen.

2. Möglichkeit: Blätterteig auftauen, ausrollen und dessertellergroß ausradeln. Eine Hälfte mit dem Ragout belegen, die Ränder mit verquirltem Eiweiß bestreichen und das freie Teigstück über das Ragout schlagen. Die Ränder fest andrücken. Mit Eigelb bestreichen. Im Ofen bei 200 Grad goldbraun ausbacken und sofort essen.

Tip: Leicht warm kann man sie bestens tiefgefrieren. Im Ofen 10 Minuten aufbacken.

Freitags frische Fisch'

Höchst

Schon im frühen Mittelalter war das Fischen auf dem Main eine angesehene Arbeit. Die Zahl der Fischer war so groß, daß sich im Jahre 945 eine eigene Zunft herausbilden konnte. Das Zunftverzeichnis von 1387 führt u. a. 89 Meister auf. Die Zunft hatte aber nicht nur ein verbrieftes Recht den Fischfang betreffend, ihr Privileg dehnte sich ebenfalls auf Fährdienste von Frankfurt nach Sachsenhausen aus, was besonders lukrativ war, wenn wieder einmal die Brücken zerstört waren und die Menschen Schlange standen, um „dribb de Bach" zu kommen.

Die Zeiten der Mainfischerei sind nun vorbei – endgültig? Wenn man bedenkt, daß der Main im 18. Jh. noch zu den fischreichsten Flüssen in Deutschland zählte – es waren mehr als 20 Arten – und die Fischer ihre Ware in großen Holzzubern freitags und samstags zum Samstagberg (Römerberg) karrten, wo der Fischmarkt stattfand, dann kann man sich nur wünschen, daß dieses in Zukunft vielleicht wieder so sein wird.

Die Fische, die heute auf den Tisch kommen, besonders an den „fleischlosen" Freitagen, werden aus sauberen Gewässern angelandet. Auch der Hochseefisch hat seine Liebhaber gefunden. Besuchen Sie einmal freitags die Fischstände in der Kleinmarkthalle: Sie werden über die Fülle an köstlich frischer Ware staunen!

Forelle mit „Grie Sooß"

4 Taunusforellen
Für die Marinade: ½ l Wasser, ½ l Apfelwein, ⅛ l Weinessig, 1 Zwiebel, 1 Karotte, 1 Stange Lauch, 1 Petersilienwurzel, 5 Pfefferkörner, 2 Lorbeerblätter, 2 Sellerieblätter, je 1 Teelöffel Zucker und Salz
Außerdem: Grie Sooß (s. Rezept S. 39)

Die Marinadenzutaten zusammen in einen großen Topf geben und 15 Minuten kochen lassen. Durchseihen und den Sud auffangen. Erneut aufkochen. Die Forellen einlegen und 20 Minuten darin gar ziehen lassen. Man serviert die Forellen mit Petersilienkartoffeln und „Grie Sooß".

Tip: Kochen Sie gleich einige Forellen mehr und lassen Sie diese in dem Sud erkalten. Die Haut abziehen und kalt mit „Grie Sooß" als Vorspeise oder mit Bauernbrot und Butter als Imbiß servieren.

Hecht in grüner Sauce

1 kg Hechtstücke (Mittelstücke), Zitronensaft, Salz, Pfeffer, 125 g Butter
Für die Sauce: ⅛ l Fleischbrühe, 3 Zweige Estragon, 2 Zweige Petersilie, je 1 Zweig Thymian und Rosmarin, 1 Tasse Spinatblätter, 4 Eigelb, ½ Teelöffel Senf, Salz, Pfeffer, 4 Eßlöffel Öl, einige Tropfen Estragonessig

Den Hecht säuern, salzen und pfeffern. Die Butter in einem Topf aufschäumen lassen. Den Hecht von beiden Seiten darin garen und in der Butter erkalten lassen.

Das Grünzeug 5 Minuten in der Fleischbrühe kochen und durch ein Sieb streichen. Abkühlen lassen. Eigelb mit allen anderen Zutaten recht steif schlagen. Die Fischstücke abwechselnd mit der Sauce in eine Schüssel schichten. Kalt servieren.

Karpfen-Kraut-Auflauf

1 kg Karpfen, Sud (s. Forellen), 500 g gekochtes Sauerkraut (s. Rezept Seite 31), Butter zum Fetten der Form, Semmelmehl Für die Bechamelsauce: 40 g Butter, 20 g Mehl, ¼ l Milch, ⅛ l Fischsud, 2 Eigelb

Den Karpfen in dem vorbereiteten Sud fast gar kochen. Die Haut abziehen, den Fisch entgräten. In große Stücke zupfen. Für die Sauce werden Butter und Mehl hell angeschwitzt und mit Milch und Fischsud durchgekocht. Die Eigelb hineinschlagen, nicht mehr kochen. Eine Auflaufform buttern. Lagenweise werden jetzt Kraut, Karpfen und Sauce hineingegeben. Zum Schluß den Auflauf mit Semmelbröseln bestreuen und dann im Ofen bei 250 Grad 20 Minuten überbacken.

Fischfilet mit Apfelweinsauce

1 kg Fischfilet (Kabeljau, Rotbarsch oder Seelachs), 2 gewürfelte Zwiebeln, ¼ l Apfelwein, ¼ l Sahne, Butter zum Fetten der Form

Den Fisch salzen und pfeffern. Wein, Sahne und Zwiebeln verquirlen. Eine Auflaufform buttern. Die Hälfte der Sauce hineingeben, den Fisch zugeben und mit dem Rest der Sauce übergießen. Im Ofen bei 225 Grad 20 Minuten garen.

Petersilienfilet

1 kg Fischfilet, Salz, Pfeffer, etwas Mehl, 2 Tassen gehackte Petersilie, 60 g Butter, ¼ l Fleischbrühe, ¼ l Sahne, Saft von ½ Zitrone

Den Fisch salzen und pfeffern. Zuerst in Mehl, dann in Petersilie wenden. Die Butter zerlassen und in eine Auflaufform gießen. Den Fisch einlegen. Brühe, Sahne und Zitronensaft versprudeln und mit der übriggebliebenen Petersilie anreichern. Über den Fisch gießen. Bei 200 Grad 30 Minuten im Ofen garen.

Notizen und Rezepte

Ebbes Sießes

zum Dessert

Frankfurt am Main

„Diese Desserts sind aber sehr gehaltvoll", werden Sie sagen. „Wie konnten sie nur als Abschluß eines Mahls dienen?" Sie haben recht. Die Desserts sind eigentlich süße Hauptgerichte von einst. Die schlichte Bevölkerung hatte keine Zeit und kein Geld, einen aufwendigen Nachtisch zu servieren. Das blieb den Patriziern vorbehalten, die wiederum als Nachtisch wohl eher einen Mokka oder einen Tee und dazu „Konfekt", kleine süße Kuchen, bevorzugten. Diese waren kunstvoll auf flachen Schüsseln und Etageren angeordnet, und man versuchte, sich an Einfallsreichstum und Eleganz gegenseitig zu übertreffen. Lesen Sie mehr dazu unter dem Kapitel „Konfekt un Kuche".

Frankfurter Fastenspeise

400 g Apfelbrei aus Bratäpfeln, 125 g Zucker, 400 g Pflaumen aus dem Glas, 1/4 l süße Sahne, 1/2 Beutel gemahlene rote Gelatine, 3 Eßlöffel Rum, 1 Päckchen Vanillezucker

Die Äpfel im Backofen braten, entkernen und pürieren. Die gekochten Pflaumen entsteinen und ebenfalls pürieren. Die Sahne mit dem Zucker und dem Vanillezucker steif schlagen und mit der aufgelösten Gelatine binden. Unter die erstarrende Sahne den Obstbrei heben und mit Rum abschmecken. Kalt stellen!

Apfelweincreme

(Ebbelwoicreme)

4 Eier, 50 g Zucker, 1/2 l Apfelwein, 1 1/2 Päckchen gemahlene Gelatine, 1/4 l Sahne

Die Eier trennen. Die Eigelb mit dem Zucker schaumig rühren. Dabei den Apfelwein langsam einfließen lassen. Die Gelatine nach Vorschrift auflösen und unterheben. Zum Gelieren beiseite stellen. Sahne und Eiweiß getrennt steif schlagen.

Sobald die Masse dicklich zu werden beginnt, hebt man zuerst die Sahne, dann den Eischnee darunter. Im Kühlschrank gut durchkühlen.

Tips: 1. Wenn Sie die Creme nicht so stark mögen, mischen Sie am besten ⅔ Apfelwein, ⅓ Wasser.

2. Schlagen Sie Eier und Zucker im Wasserbad dicklich, danach verfahren Sie wie angegeben.

Apfelweinpudding

½ l Apfelwein, 1 Päckchen Vanillepuddingpulver, 40–60 g Zucker (nach Geschmack)
Außerdem: 1 Päckchen Schokoladensaucenpulver, ⅜ l Milch, 40 g Zucker, Makrönchen

Etwas Apfelwein mit dem Puddingpulver verrühren. Apfelwein und Zucker zum Kochen bringen. Das angerührte Pulver hineinrühren. Aufkochen und danach in eine mit Wasser ausgespülte Schüssel füllen. Zum Auskühlen in den Kühlschrank stellen. Inzwischen das Saucenpulver mit etwas Milch verrühren. Die übrige Milch erhitzen und süßen. Mit dem Saucenpulver binden. Über den steifen Pudding gießen. Kurz vor dem Servieren mit Makrönchen belegen.

Frankfurter Bettelmann mit Bischofssauce

125 g Butter, 250 g geröstetes, geriebenes Graubrot (oder Weißbrot), ½ Teelöffel Zimtpulver, 1 Messerspitze gemahlene Nelken, abgeriebene Schale von 1 Zitrone, 2 Eßlöffel Zucker, 1 kg Äpfel, 65 g Zucker, 65 g Rosinen, etwas Weißwein (etwa ½ Glas), 1 Eßlöffel Rum, 40 g Zucker, 1 Prise Zimt
Für die Sauce: ½ l Rotwein, 4 Eßlöffel Johannisbeergelee, 50 g Zucker, 2 Eßlöffel Stärkemehl, ½ Zitrone (Schale abreiben), je 1 Prise Nelkenpulver und Zimt

Butter, Brot, Gewürze und Zucker leicht anrösten. Die Äpfel schälen und in Scheiben schneiden, mit dem Zucker, dem Rum, den Rosinen und dem Weißwein dünsten, bis die Flüssigkeit fast verdunstet ist. Eine Auflaufform fetten und lagenweise Brotmasse und Äpfel hineinfüllen. Die unterste und die oberste Lage soll jeweils aus Brot bestehen. 30 Minuten bei 180 Grad backen. Danach sofort servieren. Mit Zimt und Zucker bestreuen.

Für die Bischofssauce werden Rotwein (etwas Rotwein abnehmen) und Zucker mit den Gewürzen und dem Gelee aufgekocht. Das mit Rotwein angerührte Stärkemehl unterrühren. Die Sauce abkühlen lassen.

Schwarzer Magister

375 g kernlose Backpflaumen, 40 g Zucker, 1 Messerspitze Zimt, abgeriebene Schale von 1 Zitrone, 6 altbackene Semmeln, 60 g Butter, ½ l Rahm (Sahne), 3 Eier, einige zerstoßene bittere Mandeln, 75 g Zucker, abgeriebene Schale von ½ Zitrone, 60 g Butterflöckchen

Die Backpflaumen über Nacht einweichen und am anderen Morgen mit Zimt, Zucker und Zitronenschale gar kochen. Die Semmeln in ganz dünne Scheiben schneiden und in Butter anrösten.

Eine Auflaufform buttern, mit Semmelscheiben belegen, dann die Backpflaumen und wieder lagenweise Semmelscheiben und Pflaumen einschichten. Die Form darf nur zu drei Vierteln voll sein. Die Pflaumenbrühe kurz einkochen, mit den in Rahm verquirlten Eiern binden und mit den Mandeln, dem Zucker und der Zitronenschale anreichern. Über den Auflauf gießen, mit Butterflöckchen belegen und im Backofen bei 180 Grad 45–60 Minuten backen. Sofort zu Tisch geben und mit Vanillesauce reichen.

Frankfurter Pudding

Er wird gewöhnlich mit Äpfeln zubereitet, man kann statt dessen aber auch Pfirsiche, Aprikosen oder abgetropftes Kompottobst verwenden.

250 g trockenes (altes) Schwarzbrot, 4 cl Rotwein, 75 g Butter, 100 g Zucker, 1 Prise Salz, 6 Eier, 100 g geriebene Mandeln, 2 dicke Äpfel, Butter zum Fetten der Form

Das Schwarzbrot zerkrümeln und mit dem Rotwein übergießen. Die Äpfel schälen und würfeln. Die Butter mit dem Zucker schaumig rühren. Salz und Zimt dazugeben. Nach und nach die Eigelb einarbeiten, danach das Schwarzbrot, die Mandeln und die Apfelstückchen. Die Eiweiß steif schlagen und locker unter die Masse heben.

Eine Puddingform (Wasserbadform) fetten, den Pudding einfüllen. Die Form schließen. In einen Topf mit kochendem Wasser setzen und 40 Minuten kochen. Herausnehmen und auf eine Platte stürzen. Heiß mit Bischofssauce (s. S. 83) oder **Apfelweinschaumsauce** servieren.

½ l Apfelwein, 60 g Zucker, 1 Teelöffel Vanillezucker, je 1 Stückchen Zitronenschale und Zimtstange, 1 Nelke, 1 Päckchen Vanillesaucenpulver, 2 Eier

Einige Eßlöffel Apfelwein zurücklassen. Den übrigen Wein mit Zucker, Vanillezucker, Zitronenschale, Zimtstange und Nelke aufkochen. Beiseite stellen, damit die Gewürze durchziehen können. Danach durchseihen.

Den kalten Apfelwein mit dem Saucenpulver verrühren. Die Eigelb mit unterrühren.

Den gewürzten Apfelwein erneut zum Kochen bringen und unter Schlagen das Saucenpulver einrühren. Nur kurz aufkochen, aber kräftig schlagen, damit die Sauce sämig wird. Die Eiweiß steif schlagen und vorsichtig unter die heiße, nicht mehr kochende Sauce ziehen.

Konfekt un Kuche

Die Zeile in Frankfurt von der Hauptwache

1326 wird zum ersten Mal von einem Lebküchler berichtet, der mit seinen süßen Sachen schnell zu Ruhm und Ehre gelangte. Ein aus dieser Zeit erhaltenes Rezept benennt uns die Zutaten, die man schon damals verwendete: Honig, Ingwer, Pfeffer und Gewürzschalen. Frankfurt, wichtiger Knotenpunkt zahlreicher Handelsstraßen des Abendlandes, wurde zum Umschlagplatz vieler orientalischer Güter, die Kreuzritter und wendige Kaufleute sowohl von den Kreuzzügen als auch vom Weihnachtsmarkt in Venedig mitbrachten. Schon damals trieben verständlicherweise Angebot und Nachfrage die Preise in die Höhe. Jedes Gramm „Pfeffer" wurde teuer in barem Geld gehandelt. Und wehe dem Kaufmann, der „unreine", also minderwertige Ware verkaufte! Ihm drohten hohe Strafen.

Nun zum Backwerk selbst! Da werden in den Chroniken neben den Lebkuchen die Milzkuchen genannt. Sie waren eine Besonderheit der Weihnachtszeit. Milz, abgeleitet vom lateinischen mulsum (= Honig), gab dem Gebäck den Namen. Es enthielt außerdem Ingwer, Zimt, Nelken, Muskat und Paradieskörner, ein pfefferartiges Gewürz des Ingwergewächses „melegueta". Die Nonnen des Weißfrauenklosters backten diese Milzkuchen in der Weihnachtszeit für die Ratsherren und den Bürgermeister. Sie wurden ihnen bei den Beratungen serviert. Nicht zu vergessen sind auch die Offladen oder Ablaten, das Quittenbrot und die Quittenwürste. Ablaten waren dünn ausgerollte Marzipankuchen. Die Früchte für das Quittengebäck wuchsen in den Gärten der Frankfurter Bürger. Sie wurden schon Wochen vor dem Weihnachtsfest geerntet und zu bissengroßem Konfekt verarbeitet.

Ein besonders kostbares Gebäck des Mittelalters waren die Treseny, diese aus einer Art Mandelteig geformten Früchte und Tiere, wie man sie ähnlich heute noch zu Weihnachten und vor allem zu Silvester kaufen kann. Sie wurden selbst bei Königs- und Kaiserwahlen im Kurfürstenzimmer und ab 1562 in der Wahlkapelle des Domes angeboten, damit sich die hohen Herren bei ihren Beratungen stärken konnten. Außerdem dienten sie, in hohen Etageren angerichtet, als gefälliger Tafelschmuck bei vielen Gelegenheiten.

Aus reiner Freude am Gestalten und Modellieren entwickelte sich die Kunst, kleine Gebäckstücke zu „printen", also zu drucken. Dazu benötigte man natürlich Druckformen, die sogenannten Kuchelsteine (Kuchel = Küche). In ihnen formte man Figuren aus Marzipanteig. Diese Steine, Vorläufer der späteren Holzmodel, wurden von Stempelschneidern aus Solnhofener Lithographenschiefer, aus Speckstein oder aus Graphitstein hergestellt. Der Stempelschneider arbeitete das „Bild" aus dem Stein. In diese steinerne Form wurde dann weicher Ton gedrückt und gebrannt. Auf diese wiederum drückte man nachgiebigen Ton, der ebenfalls gepreßt und gebrannt wurde. Diese Tonabdrücke wurden zum beliebten Küchengerät. In ihnen und auch in den im 17./18. Jh. benutzten Holzmodeln spiegelt sich der Zeitgeist. Die Künstler arbeiteten nicht nur Blumen und Tiere aus den Modeln, sie bildeten vornehme Herrschaften, bemerkenswerte Häuser und politische Ereignisse ab. Da etliche dieser Steine und Model heute noch erhalten sind, können wir z.T. aus ihnen die Mode, die Lebensgewohnheiten und die festlichen Ereignisse jener Zeit ablesen. Als ganz Frankfurt in einen Mozartrausch fiel (die Zauberflöte feierte triumphale Auftritte) und die Verehrer der Musik im Papageno-Federkleid und im Sternenmantel der Königin der Nacht durch die Straßen der Stadt stolzierten, nutzten die Modellierkünstler und die Lebküchler die Chance und backten in eben dieser Manier.

Zuletzt sei noch der Christkindchesmarkt erwähnt. Seine wirtschaftliche Bedeutung war weitaus größer als heute, bedenkt man, daß das Gesinde und die Dienstmädchen zu Weihnachten mit Bargeld bezahlt wurden. Nichts liegt näher als die Überlegung der Bauern und Händler der Umgebung, die üblichen Markttage zu einem festlichen Weihnachtsmarkt umzufunktionieren. Da gab es neben Textilien, Töpfen und Spielzeug auch große Stände mit Lebkuchen und heißen Maronen. Eine besondere Bedeutung nahmen die Quetschemännncher ein. Das waren Schornsteinfeger, aus je 12 Zwetschgen geformt. In jeder der Heiligen Nächte, also von Weihnachten bis zum Dreikönigstag, aß man jeweils eine Zwetschge. Das sollte Glück bringen. Ein hübscher Brauch!

Der Markt weitete sich mit der Zeit zur Einkaufsstätte für jede Bürgerschicht aus. Inzwischen hat er zwar an ökonomischer Bedeutung verloren, sein Flair aber lebt fort von Jahr zu Jahr.

Brenten

Frankfurt genießt seit dem 17. Jh. den Ruf, die Heimat feinster Backwaren zu sein. Ein typisches Gebäck, dessen Entstehung auf den Anfang des 18. Jhs. datiert, sind die Brenten. Es hat sich nicht nur bis heute erhalten, sondern es ist ausgesprochen begehrt und beliebt und wird, wohlverpackt, als Weihnachtsspezialität in aller Herren Länder verschickt.

Der berühmteste Abnehmer dieses Konfektes war Johann Wolfgang von Goethe, der sich die „bon-bons" bis nach Weimar schicken ließ. Als Goethe, der schon zu Kinderzeiten das Gebäck liebte, Frankfurt verließ, übernahm jahrelang seine Mutter die Aufgabe, ihn mit der begehrten Ware zu versorgen. Ein lebhafter Briefwechsel zeugt noch heute von dem innigen Verhältnis zwischen der Mutter und ihrem „Hätschelhanß". In ovalen Spanschachteln, sorgfältig jede Gebäcksorte von der anderen getrennt, so brachte sie die Sendungen mit Pfeffernüssen, Quittenwurst, Lebkuchen, Anisplätzchen, Makronen, Zimtsternen und Brenten auf den Weg. Und als einmal das Mißgeschick passierte, daß während des Transports die Schachtel aufgebrochen und das Gebäck entwendet war, schrieb sie recht erbost nach Weimar: „. . . Daß das Christkindlein von Ihnen und dem lieben August (Goethes Sohn) Beyfall erhalten hat, war mir sehr erfreulich – daß aber die Schurken das Confekt gefressen haben, hat mich geärgert."

Eduard Mörike schrieb ein geradezu schwärmerisches Gedicht über die „Frankforder Brenden".

Mandeln erstlich, rat' ich dir,
Nimm drei Pfunde, besser vier
(Im Verhältnis nach Belieben).
Diese werden nun gestoßen
Und mit ordinärem Rosen-
Wasser feinstens abgerieben.
Je auf's Pfund Mandeln akkurat,
DreiVierling Zucker ohne Gnad'.
Denselben in den Mörsel bring,
Hierauf ihn durch ein Haarsieb schwing!
Von deinen irdenen Gefäßen
Sollst du mir dann ein Ding erlesen,
Was man sonst eine Kachel nennt,
Doch sei sie neu zu diesem End'!
Drein füllen wir den ganzen Plunder
Und legen frische Kohlen unter.
Jetzt rühr und rühr ohn' Unterlaß,
Bis sich verdicken will die Mass',
Und rührst du eine Stunde voll!
Am eingetauchten Finger soll
Das Kleinste nicht mehr hängen bleiben,
So lange müssen wir es treiben.
Nun aber bringe das Gebrodel
In eine Schüssel (der Poet,
Weil ihm der Reim vor allem geht,
Will schlechterdings hier einen Model,
Indes der Koch auf ersterer besteht)!
Darinne drück's zusammen gut,
Und hat es über Nacht geruht,
Sollst du's durchkneten Stück für Stück,
Auswellen messerrückendick.
(Je weniger Mehl du streust ein,
Um desto besser wird es sein.)

Alsdann in Formen sei's geprägt,
Wie man bei Weingebacknem pflegt;
Zuletzt – das wird der Sache frommen –
Den Bäcker scharf in Pflicht genommen!
Daß sie schön gelb vom Ofen kommen!

Natürlich entwickelte jeder Zuckerbäcker, jede Hausfrau ein eigenes Rezept und drückte den Teig in Model, die bis zu 2 m hoch(!) waren. Später schnitt man sie in kleine quadratische Plätzchen. Das Rezept von Frau Aja, Goethes Mutter:

„Ein Pfund mit etwas Rosenwasser feingestoßene Mandeln werden mit einem Pfund gestoßenem Zucker auf schwachem Feuer unter beständigem Rühren so lange geröstet, bis sie sich trocken anfühlen. Dies wird dann in ein anderes, mit Zucker bestreutes Gefäß getan, mit einem Tuch bedeckt und an einem kühlen Ort aufbewahrt. Den folgenden Tag arbeitet man diese Masse auf dem Brett mit einem Eiweiß und vier Lot feinem Mehl glatt, rollt sie zweimesserrückendick aus und drückt selbe mit den mit Mehl bestreuten Holzformen aus. Nachdem sie nun noch vierundzwanzig Stunden trocken liegen bleiben, werden sie auf einem heiß mit Wachs bestrichenen Blech gebacken."

Das heutige Rezept:

500 g Marzipanrohmasse, 125 g Puderzucker, 1 Eiweiß, 20 g Mehl

Die Marzipanrohmasse mit dem Puderzucker, dem ungeschlagenen Eiweiß und Mehl verkneten. Nun den Teig auf einem mit Zucker ausgestreuten Brett ½ cm dick ausrollen und in gut bemehlte Holzmodel drücken. Vorsichtig herausschlagen, auf ein gefettetes und bemehltes Backblech geben und über Nacht trocknen lassen. (Sollten Sie keine Brentenmodel zur Verfügung haben, können Sie den ausgerollten Teig auch in schmale Streifen schneiden.) Abbacken! Die Backzeit beträgt ca. 15 Minuten bei 150 Grad. Vorzugsweise in Blechdosen aufbewahren.

Bethmännchen

Viele Spekulationen ranken sich um die Entstehungsgeschichte der Bethmännchen. Die einen sagen, daß das Gebäck aus Frankreich zu uns gekommen sei, dagegen spricht, daß das Konfekt aus Brententeig hergestellt ist. Die anderen interpretieren betende Hände hinein, wiederum andere weisen sie als eine Erfindung des Hauses Bethmann aus.

Die Frankfurter Allgemeine Zeitung vom 29. 10. 1966 schreibt dazu:

„Genaue Kenner der Bethmannschen Familienüberlieferungen haben das erste Auftauchen der Bethmännchen um das Jahr 1840 angesetzt, zwei Jahre bevor der älteste Sohn Moritz des 1826 verstorbenen Staatsrats Simon Moritz von Bethmann nach seiner Heirat mit Maria Anna Wilhelmine von Bose einen eigenen Hausstand gründete. Hier sind die Bethmännchen nachweislich beim Nachmittagstee und zum Nachtisch aufgetaucht und hatten begeisterten Zuspruch. Dadurch fanden sie schließlich den Weg zu den Zuckerbäckern, deren noch erhaltene Aufzeichnungen bezeugen, daß für Bethmännchen von höchster Qualität die Fertigware käuflicher Marzipanmasse entschieden abgelehnt wurde. Die Mischung aus Eiern, Mandeln, Zucker und Rosenwasser mit einem möglichst geringen Zusatz von bestem Mehl wurde von den Konditoreien eigenhändig hergestellt.

Die engste Beziehung dieser Bethmännchen zu der Familienlegende ihrer Namengeber wird dadurch erwiesen, daß die anfängliche Vierzahl der halben Mandeln auf die vier Söhne des Staatsrats, auf Moritz, Karl, Alexander und Heinrich, hindeuteten. Als Heinrich 1845 mit vierundzwanzig Jahren in Koblenz gestorben war, wurde von den vier halben Mandeln eine fortgelassen. Bis zum heutigen Tag findet man an jedem Bethmännchen immer nur noch ihrer drei."

Backen Sie die Bethmännchen nach folgendem Rezept:

250 g Marzipanrohmasse, 80 g Puderzucker, 40 g Mehl, 1 Eiweiß, 65 g gemahlene Mandeln
Für die Verzierung: 50 g ganze Mandeln, 1 Eigelb, 1 Eßlöffel Wasser

Die Marzipanrohmasse wird mit Puderzucker, Mehl, Eiweiß und gemahlenen Mandeln verknetet. Aus der Masse werden kleine Kugeln geformt, die man auf ein gefettetes Backblech setzt. Von den abgezogenen halbierten Mandeln werden jeweils drei aufrecht an jede Kugel gedrückt. Dann wird Eigelb mit Wasser verschlagen. Die Bethmännchen damit bestreichen. Die Backzeit beträgt 15 Minuten bei 150 Grad. Sie müssen noch hellgelb sein mit leicht braunen Spitzen. In gut verschlossenen Dosen aufbewahren.

Hohlhippen mit Vanille

Im Jahre 1842 gab W. Schünemann, ehemals erster Koch im Gasthof zum „Weißen Schwan" in Frankfurt am Main, dann Besitzer einer Restauration im Hause Hirschgraben 19, das neueste „Frankfurter Kochbuch" heraus. Es enthielt in 42 Abschnitten der „gründlichsten Unterweisung" mehr als „Anderthalbtausend Kochvorschriften für herrschaftliche, Gasthofs- und Privatküchen".

Hier das Originalrezept für Hohlhippen:

„Ein halbes Pfund mit einer Stange Vanille fein gestoßener und durch ein Seidensieb gefilterter Zucker wird mit eben so viel feinem Mehl und mit vier ganzen Eiern, einem Stäubchen Salz und zwei Eßlöffel voll Rum gut verrührt, dann werden noch vier Loth leicht zerlassener Butter in den Teig vermischt und derselbe mit der nöthigen Milch verdünnt, bis er dünn – wie Pfannkuchenteig – vom Löffel fließt. Nun wird das Hohlhippen-Waffeleisen über mittelstarker Glut warm gemacht, inwendig mit warmer Kochbutter leicht bestrichen und so viel von dem Teig hineingegossen, daß das Eisen davon dünn bedeckt ist, es wird hierauf etwas langsam zugemacht, in die Glut gelegt, nach einer Minute umgewendet und wieder nach einer Minute geöffnet, um die Hohlhippe, die eine rothgelbe Farbe haben muß, heraus zu nehmen; solche wird sogleich über einen daumendicken Nudelwalker gebogen. Man kann sie auch flach lassen und warm oder kalt zu Tisch geben, dann bekommen sie aber den Namen „Vanillewaffeln".

Offenbacher Pfeffernüsse

(Rezept von 1896)

Ein seit 1757 erprobtes und beliebtes Weihnachtsgebäck, das der Zuckerbäcker Johann Fleischmann erfand, um die Käufer ein wenig von den Brenten abzubringen. Das ist ihm zwar nicht gelungen, doch ſehlen die Pfeffernüsse auf keinem Christkindchesmarkt.

„7 Eier werden ¼ Stunde lang gerührt, dann thut man 500 Grm. feingesiebten Zucker dazu und rührt dies ½ Stunde. Hierauf wird für 3 Pfg. Pottasche, 25 Grm. gestoßener Zimmt, 5 Grm.

Näglein, eine Messerspitze Pfeffer, 45 Grm. fein geschnittenes Citronat, 30 Grm. Pomeranzenschale, 625 Grm. Mehl tüchtig darunter vermengt.

Dann formt man von der Masse nach Belieben Kügelchen mit der Hand, setzt sie in verhältnismäßiger Entfernung auf ein bestrichenes Blech und backt sie Tags drauf in einem nicht zu heißen Ofen."

Die heutige Backweise der Pfeffernüsse:

90 g Butter, 2 Eßlöffel Zucker, 80 g Honig, 200 g Mehl, ½ Päckchen Backpulver, ½ Teelöffel Kardamom, 1 Teelöffel Zimt, 1 Prise gemahlene Nelken, 50 g feingehacktes Zitronat, 50 g feingehacktes Orangeat

Die Zutaten verkneten und 1–2 Tage kühl stehen lassen. Flache Kugeln, die sogenannten Nüsse, aus dem Teig formen, auf ein gefettetes Backblech setzen und dann bei 180 Grad für 20 Minuten backen. Anschließend mit Zucker- oder Schokoladenguß bestreichen.

Quittenbrot

500 g Quittenmus, 500 g Zucker, Saft und Schale von ½ Zitrone, Zucker für das Blech

Das Quittenmus im Mixer pürieren oder durch ein Sieb passieren. Mit dem Zucker und der Zitrone mischen und in einem weiten Topf bei schwacher Hitze unter ständigem Rühren so lange kochen, bis sich die Masse vom Topfrand und vom Löffel löst. Ein Backblech mit Pergamentpapier auslegen und mit feinem Zucker bestreuen. Die Paste daraufstreichen und im Ofen mehr trocknen als backen (100 Grad – je nach Stärke mehrere Stunden). Danach in Stücke schneiden oder mit Förmchen beliebig ausstechen. Das Konfekt durch Zucker rollen.

Makrönchen

4 Eiweiß, 200 g feiner Zucker oder Puderzucker, 1 Messerspitze Zimt, 200 g Kokosraspeln oder gemahlene Nüsse bzw. Mandeln

Die Eiweiß zu sehr steifem Schnee schlagen. Danach eßlöffelweise unter Schlagen den Zucker und zum Schluß den Zimt zufügen. Vorsichtig die Raspeln oder Nüsse bzw. Mandeln unterheben. Mit 2 Teelöffeln kleine Häufchen auf ein gefettetes Backblech setzen. Im vorgeheizten Ofen bei 150 Grad etwa 45 Minuten trocknen lassen. – Diese kleinen Plätzchen sind „Gutsjes" für den Gebäckteller. Die Brezelbuben (s. S. 116) verkaufen größere Formate.

Buttergebäck

200 g Butter, 65 g Puderzucker, 250 g Mehl, ein paar Tropfen Zitronensaft, etwas Vanille
Für den Rand: Eigelb, Hagelzucker

Butter und Zucker schaumig rühren. Alle übrigen Zutaten dazugeben und schnell mit kühlen Händen kneten. Den Teig zwischen gefettetes Butterbrotpapier zu einer Rolle formen und 1 Nacht im Kühlschrank ruhen lassen. Am nächsten Tag die Rolle mit Eigelb bestreichen und durch Hagelzucker rollen. In Scheiben schneiden und bei 175 Grad hellgelb ausbacken. Noch warm vorsichtig vom Blech lösen.

Omas Blechkuchen

Von Bäckern wie von Hausfrauen gleichermaßen gern gebacken, sind die Blechkuchen aus Hefeteig mit Obst- oder Rahmbelag bei allen Frankfurtern seit Jahrhunderten beliebt. Früher brachten die Hausfrauen, in Ermangelung eines geeigneten Backofens, ihre Kuchen zum Bäcker. Dort wurden sie gebacken. Da die Familienmitglieder zahlreich waren und der Ofen des Bäckers sehr groß, rollten die Hausfrauen den Teig zu 80 cm runden Kuchen aus. Die Bäcker haben diese Art beibehalten; die Hausfrauen stellten sich inzwischen auf Backofen- und Backblechgröße um. Die Obstbeläge richteten sich natürlich nach der Jahreszeit: Rhabarber, Stachelbeeren, Kirschen, Zwetschgen und Äpfel. Besonders der sogenannte „Quetschekuche" erfreute sich allgemeiner Beliebtheit. Man aß ihn im Spätsommer sogar zur Kartoffelsuppe.

Grundrezept für den Hefeteig: 500 g Mehl, ½ Teelöffel Salz, 40 g Hefe, ¼ l lauwarme Milch,40 g Zucker, 100 g Butter, 2 Eier
Für den Belag: 1½–2 kg frisches Obst
Für die Streusel: 400 g Mehl, 200 g Zucker, 250 g Butter

Das Mehl in eine Schüssel sieben und in die Mitte eine Kuhle drücken. Die Hefe mit Salz und etwas Zucker bestreuen und in wenig lauwarmer Milch auflösen. In die Kuhle gießen und mit etwas Mehl anrühren. Zu doppeltem Umfang aufgehen lassen. Nach und nach alle übrigen Zutaten vom Rand zur Mitte hin einarbeiten. Entweder rund oder auf Blechgröße ausrollen. Mit dem gesäuberten und vorbereiteten Obst belegen. Mehl, Zucker und Butter zwischen den Händen zerkrümeln. Lose auf das Obst streuen. Noch einmal aufgehen lassen und bei 225 Grad etwa 30–40 Minuten backen. Saures Obst nach dem Backen mit Zucker bestreuen; Zwetschgen mit Zimtzucker bestäuben.

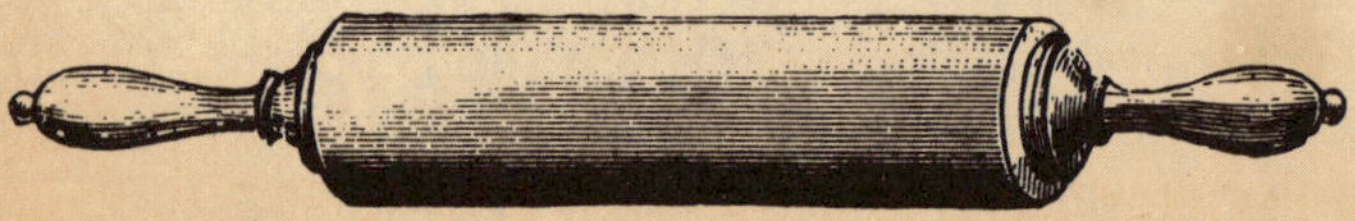

Biskuitkuchen

Dieses Originalrezept stammt von Goethes Großmutter, Anna Margaretha Justina Lindheimerin, die daraus „einen ohnvergleichlichen Biskuit-Kuchen zu Backen" verstand.

Goethe schreibt: „. . . Für uns Kinder war besonders die Festlichkeit in dem Hause des Großvaters an diesem Tag (gemeint ist der Neujahrstag) ein höchst erwünschter Genuß . . . Die versiegelten und überschriebenen Neujahrsgeschenke wurden von den Kindern unter die geringern Gratulanten ausgeteilt, und wie der Tag wuchs, so vermehrte sich die Anzahl der Honoratioren. Erst erschienen die Vertrauten und Verwandten, dann die untern Staatsbeamten; die Herren vom Rate selbst verfehlten nicht, ihren Schultheiß zu begrüßen, und eine auserwählte Anzahl wurde abends in Zimmern bewirtet, welche das ganze Jahr über kaum sich öffneten. Die Torten, Biskuitkuchen, Marzipane, der süße Wein übte den größten Reiz auf die Kinder aus . . ."

Das Rezept: „Man nimmt 10 Stück Eyer, und thut das Gelbe als auch das Weiße à parte in ein hohes Töpfgen, und schläget zu erst das Weiße wohl zu Schaum, nachehero nimmt man das Gelbe und thut es zu dem Weißen, und schlägt daßselbe wohl durch einander, und setzet dieses in etwa bey das Feuer daß es Milch lauh wird. Und nimmt 1 Pfund feinen Canarien-zucker, recht fein gestoßen, und durch ein feines Sieb geräutert, und rühret daßselbe nach und nach darunter, und reibet die Schahl von einer Citron auf einem Reib-Eißen, und rühret dieselbe gleichfals darunter. So dann nimbt man 20 Loth, fein durch geräutert weiß Mehl, und rühret solches auch nach und nach darunter, und schmieret die Form ein wenig mit Butter, und thut diesen Teig in die Form, und läßet solche gantz gemach Backen. Wann er gar ist, siehet Er Gelblich aus.
NB: Der Teig muß wohl durch einander geschlagen werden, probatum est. Vor Gesunde, mit etwas Wein gegeßen, stärcket die Lebens Geister; und dienet sonderheitlich vor Unfruchtbarkeit."

Radanekuchen

In anderen Gegenden nennt man diesen Kuchen Napfkuchen, Gugelhupf oder auch Rodonkuchen.

500 g Mehl, 40 g Hefe, ¼ l Milch, 1 Prise Salz, 125 g Zucker, 250 g Butter, 5 Eier, Mandelblättchen

Nach dem Grundrezept Hefeteig (s. S. 98) einen lockeren Teig schlagen. Eine Napfkuchenform buttern und mit Mandeln ausstreuen. Den Teig einfüllen und aufgehen lassen. Im vorgeheizten Ofen bei 225 Grad 30 Minuten backen.

Radanekuchen war früher in den wohlhabenden Familien immer vorhanden. So konnte kein Besuch die Hausfrau in Verlegenheit bringen. Und wenn es des Sonntags zum Picknick ging, hatte man ein sättigendes Gebäck.

Frankfurter Kranz

200 g Butter, 200 g Zucker, 1 Päckchen Vanillezucker, 1 Eßlöffel Rum, 4 Eier, 150 g Mehl, 150 g Speisestärke, etwas Milch, ½ Päckchen Backpulver
Für die Cremefüllung: ½ l Milch, 80 g Zucker, 1 Päckchen Vanillepuddingpulver, 200 g Butter
Außerdem: 1 Glas Johannisbeergelee, 150 g gehackte Mandeln, 20 g Butter, 50 g Zucker, 1 Teelöffel Zimt, einige Belegkirschen

Aus den Teigzutagen einen schwerreißenden Rührteig herstellen. Diesen in eine gefettete Ringform füllen. Etwa 50 Minuten bei 175 Grad auf der unteren Schiene abbacken. Auskühlen lassen; am besten erst am nächsten Tag weiterverarbeiten. Aus Milch, Puddingpulver und Zucker einen Pudding kochen. Diesen erkalten lassen, wobei er häufig umgerührt werden muß, damit sich keine Haut bildet. Die Butter auf die Temperatur des Puddings bringen und schaumig rühren. Löffelweise arbeitet man den ausgekühlten Pudding in die Buttermasse ein und rührt ihn zu einer sahnigen Creme. Den Kuchen 2× quer aufschneiden. Zwei der drei Ringe zunächst mit Gelee, dann mit je ⅓ der Creme bestreichen. Den Kranz zusammensetzen, etwas andrücken. Mit dem Rest der Creme den Kuchen von außen bestreichen. Die Mandeln in Butter, Zimt und Zucker zu Krokant bräunen und über den Kranz streuen. Mit Belegkirschen obenauf verzieren.

Von Äppelwoi

un annere gute Troppe

Sachsenhausen

Kakao/Schokolade

Von den Azteken schon lange vorher verarbeitet, brachte der Spanier Cortez die Kakaobohnen, zunächst als Zahlungsmittel, mit nach Europa. Die Bedeutung des Kakaos als Getränk blieb weiter unbekannt. Erst viel später, im 16. Jh., als das Zuckerrohr nach Europa kam, wurde das verachtete, bittere Kakaopulver hoffähig. Da Frankfurt der größte Umschlagplatz für den Gewürzhandel in Deutschland war, machte das Getränk, zubereitet aus gemahlenem Kakao, Zucker und etwas Vanille, zunächst hier Furore. Aber es war sehr teuer und blieb vorerst der Aristokratie und den reichen Patriziern vorbehalten. Im 18. Jh. wurde das Getränk vollends zum Ausdruck höfischer Lebensart.

Wie sehr auch Goethe seine „Chokolade" liebte, belegt dieser Bericht von Heinrich Blume aus der „Chronik des Wiener Goethe-Vereins" von 1936:

„Als Herzog Karl August am 27. August 1801 von Berlin nach Weimar zurückkehrte, brachte er Goethe eine mit Bildern aus ‚Tasso' geschmückte Tasse mit. Sie war ein Geschenk von Sara von Grotthuß, die in einem gleichfalls von dem Herzog überbrachten Briefe bat: ‚Haben Sie die Güte, zuweilen aus der Tasse Ihre Chokolade zu trinken' und hinzufügte: ‚Nächstens sende ich Ihnen einen Vorrath Wiener, den ich sogleich mitgeschickt hätte, wenn er angekommen wäre.' Die Schokolade ließ sie sich wahrscheinlich durch Vermittlung ihrer Schwester Marianne kommen, die Goethes Frühstückstisch schon früher damit versorgt hatte und sich's nicht nehmen ließ, es noch einige Jahre zu tun.

Marianne Meyer, die Tochter eines reichen jüdischen Kaufmannes in Berlin, schreibt am 20. November 1799 an Goethe: ‚Lassen Sie bald von sich hören, sagen Sie mir hübsch ohne alle Rücksicht, wann ich wieder Chokolade senden soll, und worin ich sonst nützlich sein kann.' Am 10. Dezember 1800: ‚Ist Ihnen die Chokolade recht, so soll bald mehr nachfolgen,

Sie verbinden mich sehr, daß Sie mir gönnen, für Ihr Frühstück zu sorgen.' Goethe antwortete am 4. April 1803: ‚Schon einige Wochen, in denen ich wieder, mit Ihrer guten Chokolade, ein erwünschtes Frühstück nehme, fühle ich mich verpflichtet, Ihnen zu danken, und nun kommt gar Ihr lieber Brief dazu, der mich auf's Neue an diese angenehme Pflicht erinnert.' Über die abgesendeten Mengen unterrichtet uns Mariannes Brief vom 10. Oktober 1803: ‚ Ihr Frühstücksvorrath mus verzehrt sein, daher geht mit der Fahrenden Post 12 Pfund für Sie ab.' Im Jahre 1805 steigen ihr auf einmal Bedenken wegen der Portoauslagen auf, denn sie schreibt am 3. April: ‚Chokolade möchte ich Ihnen senden, wann Sie mir sagten ob es Ihnen recht ist, ich fürchte das Porto kömmt sehr hoch, das Sie in Weimar bezahlen müßen.' Aber schon drei Wochen später schreibt Goethe: ‚Gute Chokolade entbehre ich lange und werde eine Portion von Ihrer Hand mit Dank annehmen', worauf Marianne am 2. Juni berichtet: ‚Chokolade besorgte ich sogleich, und sandte sie durch Gelegenheit bis Töplitz, von da sie weiter spedirt worden ist, ich hofe Sie haben sie noch vor Ihrer Abreise von Weimar erhalten, es befinden sich 4 halbe Pfunde mit No 10 bezeichnet dabey, die Gentz Ihnen geschickt hat, weil sie von ganz außerordentlicher Güte sein soll.'"

Tee

Lange bevor der Kaffee sich bei uns einbürgerte, trank man zum Frühstück und am Nachmittag zum Kuchen Tee. Eine Einladung zu einem Damenkränzchen war in den Patrizierfamilien nicht nur gang und gäbe, sie war hochgeschätzt, da jede Hausfrau ihren ganzen Ehrgeiz in die Herstellung von köstlichen Kuchen und Teegebäck legte. Dabei ließ sich, wie man weiß, gut über alles reden. Den Tee kaufte man bei den Gewürzhändlern, die ihre Ware frisch und direkt aus dem Orient angeliefert, in reicher Auswahl, gut und teuer verkauften. Aus dieser Zeit hat sich der Ausdruck „Einladung zum Tee" eingebürgert, auch wenn man es heute nicht mehr so genau damit nimmt. Der Kaffee macht dem vornehmen Getränk mächtig Konkurrenz.

Reformierter Tee

1 Teelöffel schwarzer Tee, ½ l kochendes Wasser, 1 l Milch, 1 Eßlöffel Zucker, je 1 Stück Zimtstange und Vanilleschote, 3 Eigelb

Den Tee mit dem Wasser überbrühen und 5 Minuten ziehen lassen. Die Milch mit dem Zucker und den Gewürzen aufkochen. Vanilleschote und Zimtstange entfernen. Den Tee durch ein Sieb in die heiße Milch rühren. Die Eigelb hineinschlagen und bis zum Kochgrad erhitzen. Man trinkt den Tee zu Käse- oder Wurstbroten.

Wein

Heute sind die Frankfurter stolz auf die wenigen Hektar Weinberge, die ihnen noch verblieben sind. Das war bis zum 18. Jahrhundert anders. Da gab es rund um die Stadt bis an ihre Tore Weingärten, und die Zunft der Häcker (oder Hecker = Hacker, also Winzer im Weingut) war groß, mächtig, einflußreich, denn die Patrizier, die vornehme Bürgerschaft, der Adel und die Mönche tranken nur zu gern *ihren* guten Frankfurter Wein. Da das Wasser häufig Krankheiten, ja sogar Seuchen hervorrief, hielt man sich mit Bier und Wein „gesund". Der Bedarf wiederum förderte den Handel mit Wein schwunghaft, und der Magistrat sah sich zuweilen veranlaßt, Gesetze „zu maßvollerem Handel und Trinken" zu erlassen. Außerdem rief die Geschäftstüchtigkeit der Häcker den Zorn der Gärtner herauf, da diese zwischen den Weinstöcken Erdbeeren, Spargel, Blumenkohl und Artischocken zogen und auf dem Markt verkauften.

Die Tage der Weinlese waren wahre Bürgerfeste. Friedrich Stoltze erzählt: „. . . Also, während der drei Herbstdaag' war in Frankfort un' Sachsehause die Doorsperr' uffgehowe. Daher kam dann aach, daß sich die Berjerschaft des zunutz gemacht hat un' bis dief in die Nacht enei mit alle nur denkbare Schußwaffe, Rakete, Frösch' und Feuerrädcher geknallt, gebufft, gezischt un' Feuer gespeuzt hat, daß es e' Freud' war.

In alle Privatgäärde um die Stadt hat's gekracht un' sin die Rakete in die Luft gestieje; un' in de Wirtsgäärde, . . . da war mer seines Lebens net sicher. War'n so Frankforter Herbsdaag', die gewöhnlich in die Woch' nach dem 18. Oktober gefalle sin', von schöön Wetter begleit', da is' nachmiddags ganz Frankfort lewendig worn. Alles is' enaus gesträmt vor die Door'n, in die Gäärde, Wingerte und Wertschafte.

E' Frankforter Herbstfeier hat awwer aach dazumal noch en Sinn gehabt. Dazumal hat's noch e' bissi mehr Wingerte un' Weinberg' um Frankfort erum gegewwe als wie alleweil. Dazumal war'n vom jetzige Hanauer Bahnhof (dem alten Ostbahnhof) an bis an's End' vom Röderberg nix als lauter Wingerte. Un' dribb' in Sachsehause war'n auf dem Mühlberg un' Sachsehäuser Berg, wo jetzt Felse-Keller an Felse-Keller stehn, nur Wingert an Wingert. Zu beide' Seit' vom Sandweg bis enuff nach Bernem war Weinberg an Weinberg. Vor'm Eschemer Tor drauß', zu beide' Seite' von der jetzige' Eschemer Landstraß' war Wingert an Wingert. Ewe'so am Grüneburgweg. Der ganze Bezirk dor war nix als Wingert un' Gemiesland. Korzum, Altfrankfort lag noch vor fünfzig Jahr'n buchstäblich in Wein un' Gemies'."

Der Weinbau ging erst zurück, als Mißernten, bedingt durch zu starken Reblausbefall und zu kalte Sommer, die Winzer an den Rand der Existenz brachten. Um die Wingerte neu aufzuforsten, bedurfte es vieler Jahre des geduldigen Wartens, bis der Ertrag das Einkommen hätte sichern können. Dazu fehlte den Häckern verständlicherweise der „Atem". Man wich auf Obst aus (s. Apfelwein). Die Weine, die heute noch in Frankfurt hergestellt werden, zeichnen sich durch gute Qualitäten aus, die teuer – weil rar – gehandelt werden.

Apfelwein

Wie nennt der Frankfurter sein liebstes Getränk? Äbbelwein, Äppelwoi, Ebbelwei, Ebbelwoi – genaue Festlegung gibt es nicht. Fest steht aber, daß er sein „Stöffche" nicht missen möchte – und das seit Jahrhunderten. Bei den Kelten, Römern und Franken schon bekannt als gesunder, weil reinigender Durstlöscher, war er zu Zeiten Karls des Großen schon fast selbstverständlich. In seiner Hofgüterverordnung von 812 steht zu lesen, daß „... Brauer, welche Bier, Apfel- oder Birnwein oder ein anderes Getränk zu bereiten verstehen ..." am Hofe beschäftigt werden müßten.

War da zunächst der Wildwuchs des Holzapfels, so verstand man sich doch bald auf Züchtungen und Kreuzungen mit anderen Sorten, bis eine entstand, die dem Säure- und Zuckergehalt zum Vermosten und Keltern voll entsprach.

Bis zum 18. Jh. war überwiegend Wein aus Reben gekeltert worden. Als durch kalte Winter und durch den Befall von Rebläusen der Weinanbau zurückging, wich man auf den billigeren

Apfel aus. Von da an war der „Siegeszug" des Apfelweins nicht mehr aufzuhalten. Zunächst kelterten viele Haushaltungen und Wirtschaften selbst. Heute sieht es so aus, daß zwar immer noch vereinzelt Wirte das Getränk selbst herstellen, zum großen Teil aber wird es von Großkeltereien bezogen.

Früher konnte selbstgewonnener Apfelwein in sogenannten Heckenwirtschaften verkauft werden. Weil der Ausschank zeitlich begrenzt war, hängte man ein Kränzchen, meist aus Fichtenzweigen gewunden, vor die Tür (das Fichtekränzi), welches verhieß: Wir haben geöffnet! Ab 1813 gab es richtige Apfelweinwirtschaften, die das ganze Jahr über betrieben wurden. Ende des 19. Jhs. verschwanden die privaten Heckenwirtschaften ganz, weil ihre Existenz durch die ganzjährigen Betriebe unrentabel geworden waren.

Was nun macht den Apfelwein für die Frankfurter und Sachsenhäuser so unwiderstehlich? Sicherlich trägt das gemütliche Klima der Wirtschaften und der Gärten bzw. Hinterhöfe dazu bei, sicherlich auch die Kontaktfreudigkeit und Zufriedenheit seiner Konsumenten. Das Wort Konsumenten hört sich zunächst negativ an, ist aber durchaus nicht so gemeint. Es ist eine Tatsache, daß man erst nach mehreren Gläsern gut Freund mit dem „Stöffche" wird. Es hat zwischen 5 und 6 Prozent Alkoholgehalt, schmeckt herb, und seine Gerbsäure zeigt zuweilen „durchschlagende" Wirkung. Man unterscheidet zwischen:

1. dem Rauscher, der nach 14 Tagen bis 3 Wochen Gärungszeit ausgeschenkt wird, bis zu 3 Prozent Alkoholgehalt aufweist, gelblich-trüb aussieht und süß schmeckt;

2. dem blanken Apfelwein, der klar gelb bis goldgelb im Glase perlt, durchgegoren ist und herb schmeckt;

3. dem Speierling, dem Apfelwein, dem eine Art Ebereschenfrüchte zugesetzt wurde. Sie klärt den Saft zusätzlich und macht den Wein noch herber.

Der reine Apfelwein, der zu 100 Prozent aus Äpfeln bestehen muß und der manchem zu stark ist, wird häufig als Mischgetränk ausgeschenkt, sei es mit Mineralwasser versetzt oder mit Apfelsaft – nie aber mit Limonade. Typisches Zubehör zum

Wein sind sowohl das geriffelte Glas, aus dem er getrunken wird, wie auch der Bembel, dieser grau-blau salzgebrannte Tonkrug, aus dem ausgeschenkt wird, und der Apfelweindeckel. Der Deckel dient nicht als Untersatz, sondern wird auf das Glas gelegt! Eine praktische Erfindung, weil er so vor einer Verunreinigung des Getränkes durch unliebsame Tierchen, Blüten oder Blättchen schützt, wenn man es draußen trinkt. Diese Deckel haben Tradition und werden von Liebhabern zu stolzen Preisen gehandelt. Sie sind aus Holz gedrechselt. Abbildungen und Sprüche, Namen des Besitzers oder Familienwappen schmücken ihre Oberflächen.

Positive Wirkungen des Apfelweins aus medizinischer Sicht (nach Dr. med. O. Hammer, Bad Nauheim):

- Anregung der Verdauung;
- verbesserte Magendurchblutung;
- Erhöhung der Absonderung des Intrinsicfaktors, der für die Aufnahme von Vitamin B 12 nötig ist;
- Salzsäuremangel (besonders bei älteren Menschen) wird ausgeglichen;
- Der Apfelwein wirkt bakterizid. Auch Trichinellen werden aufgelöst und abgetötet;
- Die Atmung wird vertieft;
- Bronchialkrämpfe bei asthmatischen Zuständen werden gelöst;
- Durchblutungsverbesserung des Herzmuskels;
- Heißer Apfelwein hilft bei grippalen Infekten und Erkältungskrankheiten;
- Er senkt den Blutfettspiegel;
- Apfelwein wirkt, am Abend genossen, schlaffördernd;
- Spannungszustände, Nervosität und Labilität werden gelöst;
- Verbesserung der Gehirndurchblutung;
- Apfelwein kann Fettsucht und Übergewicht verhindern.

Gespritzter Apfelwein

Allen, die den Apfelwein nicht so stark, pur, trinken wollen, bietet sich eine gute Alternative. Man gießt das Glas zu drei Vierteln mit Apfelwein voll und füllt mit Selterswasser oder – wenn man eine gewisse Süße bevorzugt – mit Apfelsaft auf, nie aber mit Limonade, das wäre für den Äppelwoi-Trinker ein Schock.

Maibowle aus Apfelwein

1 Büschel Waldmeister (vor der Blütezeit pflücken) waschen und 1 Stunde in einen Bembel mit 1 l Apfelwein hängen.

Herausnehmen und süßen. Mit Sekt auffüllen, gut gekühlt servieren.

Apfelweinbowle

Früchte der Saison wenn nötig kleiner schneiden. Zuckern und Saft ziehen lassen. Mit gut gekühltem Apfelwein übergießen. Wenn man will, kann man zu gleichen Teilen mit Apfelwein und Sekt auffüllen.

Heißer Apfelwein

1 l Apfelwein, 1 Eßlöffel Zucker, 1 Stück Zimtrinde, 1 Stück Zitronenschale, 2–3 Gewürznelken

Den Apfelwein mit den Zutaten erhitzen, aber nicht zum Kochen bringen. Ziehen lassen und durchseihen. Heiß halten und so heiß wie möglich trinken. Heißer Apfelwein wärmt im Winter nicht nur wohlig auf, er vertreibt auch Erkältungen und leichte Grippen.

Notizen und Rezepte

Klaanigkeite

zum Äppelwoi

Frankfurt von der unteren Seite des Mains

Zu einem „Schoppe" ißt der Frankfurter in seiner Wertschaft häufig eine Kleinigkeit, was zur Geselligkeit und Gemütlichkeit beiträgt. Eine Äppelwoiwertschaft bietet zwar auch kleine warme Regionalgerichte an, üblich aber ist es, zum Äppelwoi nur ein wenig zu knabbern. Dazu gehören vor allem:

Laugenbrezel, Käsestangen, Hartekuchen und Makrönchen

Solange man denken kann, verzehrt man zum Äppelwoi Laugenbrezel. Man sagt, sie gehören zusammen wie Brot und Wurst. Sie kommen knackig frisch auf den Tisch, sie sind salzig und so recht dazu angetan, Durst zu erzeugen. Die Bäcker der Stadt backen sie jeden Tag frisch, verkaufen sie an freihandelnde (d. h. in eigener Regie arbeitende) Männer, die in ganz Frankfurt „hibb de Bach" und Sachsenhausen „dribb de Bach" als Brezelbuben bekannt sind. Die Verkaufsbezirke sind stillschweigend eingeteilt, so daß jeder Wirt und damit jeder Gast von *seinem* Brezelbuben bedient wird. Und wehe, einer jagt fremd! Somit verkauft also weder der Bäcker noch der Wirt dieses Gebäck, sondern ausschließlich der „Brezelbub" – wobei man es mit dem Alter der „Buben" nicht so genau nehmen darf. In seinem Korb hat der Brezelbub auch Hartekuchen und Makrönchen. Hartekuchen sind harte rhombenförmige Pfefferkuchen, die besonders häufig an Kirmestagen, am „Wäldchestag" und bei anderen öffentlichen Belustigungen an Frauen und Kinder verkauft werden, ebenso die Makrönchen, ein Baisergebäck mit Nüssen, Mandeln oder Kokosraspeln (s. S. 97). Mancher Vater, der sonntags seine Sprößlinge von Mutters Schürzenzipfel befreit und sein Frühschöppche trinken möchte, befriedigt ganz schnell die Kleinen mit Hartekuchen und Makronen vom Brezelbub und hat damit seine Ruhe für sein „Schöppche".

Etwas anders liegt das bei den Käsestangen. Das sind etwa 20 cm lange Laugenstangen, die längs halbiert, mit Käse und Dörrfleisch-Zwiebeln belegt und überbacken bzw. geröstet werden. Den Äppelwoiwirten sind diese Stangen ein Dorn im Auge. Sie schmecken vorzüglich, sättigen aber sehr stark, und nach dem bekannten Spruch „Käse schließt den Magen" vertreiben sie auch den Durst. Ebenso schwerwiegend ist der Aspekt, daß damit auch der Hunger auf Rippchen oder Handkäs' vergeht. So kamen denn die Wirte vor etlichen Jahren überein, den Brezelbuben mit Käsestangen Hausverbot zu erteilen. Folge: Sie werden vor den Türen wie eine „Droge" gehandelt.

Zwiebelkuchen

(Zwiwwelkuche)

Hefeteig (s. S. 98), aber ungesüßt, 1 kg Zwiebeln, 60 g Dörrfleisch, 2 Eßlöffel Öl, ½ l Sahne, 4 Eigelb, Salz, 1 Teelöffel Kümmel

Den Hefeteig vorbereiten und auf einem Backblech ausrollen. 20 Minuten ruhen lassen. Die Zwiebeln schälen und in dünne Scheiben schneiden. Das Dörrfleisch würfeln. Dörrfleisch und Zwiebeln in Öl goldgelb anrösten. Abkühlen lassen. Die Sahne mit dem Eigelb verquirlen und würzen. Zwiebeln und Sahnesauce vermengen. Auf den Teig streichen und bei 200 Grad etwa 30–40 Minuten backen. Heiß in kleine Rechtecke schneiden und sofort verzehren. – Der Kuchen kann gut am nächsten Tag wieder aufgewärmt werden. Starke Mägen vertragen ihn sogar kalt.

Handkäs' mit Musik

(Frankfurter Goldstick)

Zu einem guten Schoppen Äppelwoi gehört natürlich auch etwas Handfestes zum Essen. Von Rippchen, Leiterchen und Haspel mit Sauerkraut wurde bereits berichtet. Wer aber nur eine Kleinigkeit essen will, der wählt gern den Handkäse, das ist ein leichtverdaulicher Bauernkäse, der aus Sauermilch hergestellt ist und mit seinem geringen Fettgehalt nur 100–120 Kalorien je 100 g aufweist. Wichtig ist: der Käse muß „dorsch und dorsch dorsch" sein. Er hat die Größe eines mittleren Handtellers und ist rund und flach wie der Harzer, nur eben größer. Er wird auf einem mittelgroßen Teller mit „Musik" serviert. Unter „Musik" versteht man eine Öl-Essig-Zwiebel-Marinade, in der der Käse ruhig auch schon etwas „ziehen" darf. Weshalb die Marinade „Musik" heißt, wird unterschiedlich gedeutet. Die einen sagen, die Zwiebeln tun vor allem in Verbindung mit Apfelwein schnell und geräuschvoll ihre Wirkung, die anderen leiten das Wort von Kümmel und Pfeffer ab. Von einem scharf gewürzten Gericht sagt man, da sei „Pfeffer (oder Musik) drin".

Hier nun das Rezept:

Musik für 1 Portion

1 Zwiebel, 1 Eßlöffel Öl, ein paar Tropfen Essig, 1 Prise Salz und Zucker, Pfeffer und Kümmel nach Geschmack

Die Zwiebel schälen und in ganz kleine Würfel schneiden. Einige Zeit in der angerührten Marinade ziehen lassen, damit die Zwiebel weicher wird und Geschmack an die Sauce abgibt. Über den Käse gießen oder im Steintöpfchen servieren.

Man ißt dazu dunkles Bauernbrot oder Schwarzbrot und Butter. Fremden und „Eingeplackten" (Zugezogenen) sei erklärt, wie man das Gericht ißt.

Zum Gedeck wird nur ein Messer serviert, nie eine Gabel. Man buttert also zuerst das Brot, legt auf eine Ecke ein Stückchen Käse mit Marinade und schiebt einige Zwiebeln obenauf. Dann jongliert man diese Ecke zum Mund. Es erfordert schon Geschick und Augenmaß, damit einerseits der Belag nicht herunterfällt, andererseits am Ende nicht Käse oder Brot solo übrigbleiben, weil man beides nicht recht einzuteilen vermochte.

Mit gutem Grund werden Sie fragen: „Warum so umständlich, wenn es auch einfacher (mit Gabel) geht?" Die Antwort klingt plausibel: Dieses Gericht hat eine jahrhundertealte Bauerntradition, die man heute nicht durch Einführung „feiner Manieren" verzerren möchte.

Anmerkung: Wie der Handkäse wird häufig auch Schwartemagen, Sülze, Preßkopf oder Blutwurst mit „Musik" serviert.

Schneegestöber

Leicht und flockig sollte dieser angemachte Käse serviert werden, mit dunklem Bauernbrot, Butter und einem Bembel „Ebbelwoi".

½ Camembert (reif muß er sein), 1 Stück Frischkäse, 1 Teelöffel Butter, 1–2 gehackte Zwiebeln, Pfeffer und Paprikapulver

Alle Zutaten locker mit einer Gabel zerdrücken. Auf einem Teller anhäufen und mit Bauernbrot servieren.

Notizen und Rezepte

Die Rezepte

im einzelnen

Die Deutsche Nationalversammlung in der Paulskirche zu Frankfurt

E schee warm Supp

1. Vorsuppen:

2. Dick Supp mit Werschtcher:

Gemies un Kartöffelcher

Grie Sooß

Alles Worscht

Flaasch is e wunnerbar Gemies

Konfekt un Kuche

Von Äppelwoi un annere gute Troppe

Klaanigkeite zum Äppelwoi

In dieser Städteserie sind bereits erschienen:

Das Kochbuch aus Aachen
Das Kochbuch aus Augsburg
Das Kochbuch aus Bonn
Das Kochbuch aus Kiel
Das Kochbuch aus Lübeck

Ab Oktober/November '89 sind lieferbar:

Das Kochbuch aus Biberach
Das Kochbuch aus Freiburg
Das Kochbuch aus Friedrichshafen
Das Kochbuch aus Nürnberg
Das Kochbuch aus Ravensburg
Das Kochbuch aus Schweinfurt
Das Kochbuch aus Ulm

Fragen Sie Ihren Buchhändler oder schreiben Sie uns.
Wir schicken Ihnen gern unser Verlagsverzeichnis.

Verlag Wolfgang Hölker
Postfach 38 20
4400 Münster

Sachsenhausen.
MOENVS FLVVIVS
Allerheiligen pfort
Klapperfeld
Meridies
riens.
Occidens
Septentrio
S. Peters Kirchhof
New Fridberger pfort